Astrid Eichler, Thomas und Irene Widmer-Huber
Es gibt was Anderes!

W0236464

Astrid Eichler, Thomas und Irene Widmer-Huber

Es gibt was Anderes!

Gemeinschaftliches Leben für Singles und Familien

SCM R.Brockhaus

SCM

Stiftung Christliche Medien

Die Edition A U F A T M E N
erscheint in Zusammenarbeit zwischen
SCM R.Brockhaus im SCM-Verlag, Witten
und dem Bundes-Verlag, Witten.
Herausgeber: Ulrich Eggers

Dieses Werk einschließlich aller seiner Teile ist urheberrechtlich geschützt. Jede Verwendung außerhalb der engen Grenzen des Urheberrechtsgesetzes ist ohne vorherige schriftliche Einwilligung des Verlages unzulässig und strafbar. Das gilt insbesondere für Vervielfältigungen, Übersetzungen und die Einspeicherung und Verarbeitung in elektronischen Systemen.

MIX
Papier aus verantwortungsvollen Quellen
FSC® C006701

2. Auflage 2013

© 2010 SCM R.Brockhaus im SCM-Verlag GmbH & Co. KG
Bodenborn 43 · 58452 Witten
Internet: www.scm-brockhaus.de; E-Mail: info@scm-brockhaus.de

Soweit nicht anders angegeben, sind die Bibelverse folgender Ausgabe entnommen:

Lutherbibel, revidierter Text 1984, durchgesehene Ausgabe in neuer Rechtschreibung, © 1999 Deutsche Bibelgesellschaft, Stuttgart.

Weiter wurden verwendet:

Gute Nachricht Bibel, revidierte Fassung, durchgesehene Ausgabe in neuer Rechtschreibung, © 2000 Deutsche Bibelgesellschaft, Stuttgart. (GNB)

Zürcher Bibel, © 2007 Verlag der Zürcher Bibel beim Theologischen Verlag Zürich. (ZÜR)

Umschlaggestaltung: Maike Heimbach, Ennepetal
Satz: Satz & Medien Wieser, Stolberg
Druck und Bindung: CPI – Ebner & Spiegel, Ulm
Gedruckt in Deutschland
ISBN 978-3-417-26347-3
Bestell-Nr. 226.347

Inhalt

Was Anderes

Was Anderes –
als leise an unerfülltem Dasein,
leer und einsam innerlich zu sterben.
Als nur sich selbst zu leben und das Ego
zum Maßstab aller Dinge zu erheben.
Als im Schweigen stumm zu werden
und sich in virtuellen Welten zu verlieren.

Was Anderes –
als dem Irrtum zu erliegen,
in trauter Zweisamkeit sei sicher »alles gut«.
Als ins »Du« zu flüchten,
weil das »Ich« unerträglich schwer erscheint.
Als mit ungestillter Sehnsucht
das Leben in Gemeinschaft zu ersticken.

Was Anderes –
als vor lauter Angst den ersten Schritt nicht mehr zu wagen.
Als schlechte Erfahrung zur letzten Wahrheit zu erheben.
Als durch hohe Erwartungen an sich und andere zu scheitern.

Was Anderes?
Hoffend sich aufmachen, Hilfe suchen,
sich selbst begegnen, auch wenn es schmerzt.
Heilung empfangen im Vaterhaus,
Neues einüben und mutig ein Ziel verfolgen:
Mach mich, Herr, gemeinschaftsfähig –
für DICH – fürs »Du«, für mich.

Was Anderes?
Trotz allem kleine Schritte gehen,
Gott eine Chance geben – und den Menschen.
Sich in ihm bergen, seinem Schutz sich anvertrauen –
und Begegnung wagen.
Christus zwischen mir und dir – seine Liebe trägt – genügt!

Was Anderes?
Gemeinschaft leben – ein Fest des Alltags feiern,
dankbar Zeichen der Liebe empfangen.
Das nichtig Scheinende im Herzen tragen,
Glück bewahren, atmen lernen.
Der Sehnsucht nach »mehr« mündig begegnen, zwischen »allem«
und »nichts« Grautöne schätzen lernen: um des Lebens willen.

Was Anderes?
Ja, es gibt »was Anderes«. Gott sei Dank.

Irene Widmer-Huber

Vorwort von Ulrich Eggers

Wildgänse auf ihrem Weg nach Norden – was für ein schönes Bild von Gemeinschaft! Jeder für sich – aber alle gemeinsam. In eine Richtung – aber so, dass der Einzelne Kraft spart und unterstützt wird. Gänse wechseln sich ab in der Führungsarbeit ihrer Flug-Gemeinschaft – sie lassen den, der mit Führung dient, nicht allein. Sie haben eine gemeinsame Richtung – aber jeder hat seinen Platz. Synergien werden genutzt – einer fliegt im Windschatten des anderen –, aber niemand verliert seine Individualität. Ein wirklich passendes Foto für ein Buch über Gemeinschaft.

Gemeinschaft – ein tolles Ideal! Ein Sehnsuchtsobjekt für viele. Ein Wort mit Ausstrahlung. Das größte Problem bei diesem Ideal: die Wirklichkeit. Denn der schöne Traum des sinnvollen Zusammenseins, das wärmt, schützt, nährt und Sinn gibt, kollidiert mit der schnöden Wirklichkeit. So wie in der Ehe. Auch da liegen Ideal und Wirklichkeit oft schmerzlich weit auseinander.

Gemeinschaft kann so schön, so anziehend, so sinnvoll sein. Und so schmerzhaft, anstrengend und mühsam, wenn reale Menschen in realen Situationen mit realen Interessen und der realen Müdigkeit eines ganz realen Tages aufeinanderstoßen. Traum prallt auf Wirklichkeit. Idee auf Tagesform. Idealistische Vorstellung auf realistische Möglichkeiten. Schwierig. Aber unglaublich sinnvoll und erfüllend!

Dieses Buch will Menschen ermutigen, sich auf gemeinschaftliches Leben einzulassen. Es zeigt etwas von der Vielfalt der Möglichkeiten auf – und ist in sich schon ein Gemeinschaftswerk. Der reiche Erfahrungsschatz von Thomas und Irene Widmer-Huber, die seit über 20 Jahren in Gemeinschaft leben, kombiniert mit der großartigen Initiative der EmwAg-Bewegung, die ich für eine der ganz wesentlichen Ideen unserer Zeit halte: lieber gemeinsam leben als einsam sterben.

Ursehnsucht des Menschen: lieben und geliebt werden. Vergeben und Vergebung empfangen. Kennen und gekannt werden. Dienen und sich dienen lassen. Feiern und gefeiert werden – das ist Gemeinschaft, wenn sie funktioniert.

Allerdings gibt es einen täglichen Eintrittspreis für Gemeinschaft. »In gewissem Sinn muss ich mich jeden Tag neu bekehren«, sagt der Autor Gordon MacDonald über die täglich erneuerte Hingabe an Gott. »Und das gilt auch für eine Ehe: Jeden Morgen muss ich in gewisser Weise neu heiraten, muss neu meine Entscheidung zur Gemeinschaft und Liebe bejahen.« Was für die Ehe richtig ist, gilt in abgeschwächter Form, aber in seinem Mechanismus ganz genauso für Gemeinschaft: Täglich neu bejahen, den Preis zu zahlen für das, was ich erreichen will. Ein Leben mit Auftrag und Sinn, Beziehungsqualität und Wärme. Und allerhand Kleingedrucktem ...

Dass es solch »Kleingedrucktes« in Hülle und Fülle gibt, wollte ich anfangs nicht so recht wahrhaben. »Lasst uns bloß nicht mit so gruppendynamischen Streit- und Versöhnungssitzungen anfangen, darauf hab ich keine Lust!«, war mein von wenig Ahnung getrübter Wunsch am Beginn unseres gemeinsamen Weges als Lebensgemeinschaft. Große Ziele, gemeinsame Pläne, idealistische Vorstellungen – das hatten wir. Nur keine rechte Vorstellung von dem Preis, der zu zahlen war.

Den aber haben wir bald erfahren – Zeit, Gespräche, Missverständnisse, neue Anfänge, noch mehr Gespräche, umkehren, vergeben, neu anfangen, gute Lebensregeln erkennen – und (noch viel wichtiger): befolgen! Heute würden wir sagen: Es lohnt sich – keiner von uns wäre da, wo er persönlich ist, ohne die Gemeinschaft. Aber es hat auch gekostet.

Hat es sich gelohnt? Ja!

Ja auch schon deswegen, weil Gemeinschaft Schule des Lebens ist – was dort gelernt wird und gilt, stimmt ja genauso für Ehe, Beruf, Umgang mit Freunden oder den eigenen Kindern. Gemeinschaft schafft und fordert eine hohe Kompetenz im Umgang miteinander. »Es ist nicht gut, dass der Mensch allein sei«, sagt die Bibel – und das glauben wir unbesehen. Aber gerade in der Bibel sehen wir auch, wie schnell das »Nicht-Alleinsein« die unterschiedlichen Persönlichkeiten in Konflikte verwickelt, wenn sie einander berühren und gemeinsam unterwegs sind.

Schon bald lernten wir eine der wichtigsten Regeln von Gemeinschaft kennen: nicht übereinander reden, sondern immer nur direkt mit dem, um den es geht. Direkt, persönlich – und am besten sofort, wenn es irgendwo klemmt. Alles andere ist zerstörerisch und zersetzend. Und überhaupt: gute, rechtzeitige, ehrliche Kommunikation – das Reden über reale persönliche Gefühle statt über scheinbar sachliche Themen: unverzichtbar!

Verständnis für die ganz unterschiedlichen Typen: den Pionier, der gerne nach vorne geht und Neues liebt. Den Bedächtigen oder Sorgenvollen, der ängstlich bremst. Die Vielfalt der Menschen – unglaublicher Reichtum, beunruhigende Unterschiede. Wie hilfreich, mehr über die unterschiedlichen Typen und die Dynamik von Unterschieden zu lernen.

Gemeinschaft lebt, wenn gemeinsame Ziele da sind und der Wunsch nach Wärme, Beziehung und Geborgenheit kein Selbstzweck bleibt. Sondern – wie bei den Gänsen auf dem Titelbild – etwas, das empfangen und gegeben werden kann. Lebensgemeinschaft und Dienstgemeinschaft, freundschaftliche Nähe und spielerische Leichtigkeit genauso wie gemeinsames Tragen und entschiedenes Anpacken. Das macht Gemeinschaft gesund. Und zu dem lohnenden Abenteuer, das jeden Preis wert ist.

Ulrich Eggers,
WegGemeinschaft e.V. / Dünenhof, Cuxhaven

Einleitung

In den vergangenen Jahren sind wir vielen Menschen mit einer großen Sehnsucht nach Gemeinschaft begegnet. Irgendwie ist es so, als ob da »was in der Luft liegt«. Wenn Sie diese Sehnsucht schon in sich spüren, hoffen wir, dass Ihnen die Anregungen, Tipps und Erfahrungen dieses Buches auf Ihrem Weg in Richtung gemeinsames Leben weiterhelfen.

Wenn Sie sich vor mehr Gemeinschaft eher fürchten oder viele skeptische Fragen haben, dann könnte dieses Buch für Sie genau die richtige Einladung sein, Neues zu denken und zu wagen. Lassen Sie sich mitnehmen auf unseren gemeinschaftlichen Weg. Wir wünschen uns sehr, dass noch viel mehr Menschen das Geheimnis entdecken, das in verbindlicher Gemeinschaft liegt! Denn christliche Gemeinde ist nicht nur ein Ort für den Sonntagvormittag, sondern ein Lebensraum.

Nachdem wir vor etwa drei Jahren begannen, bei Tagungen zusammenzuarbeiten, entstand die Idee für ein gemeinsames Buch über gemeinschaftliches Leben – schließlich waren wir drei jeweils schon sehr lange an diesem Thema dran. Das wird deutlich am Anfang des Buches mit unseren jeweils persönlichen Geschichten als Singlefrau bzw. als Ehepaar und Familie (Kapitel 1 und 2). Was wir auf unseren Wegen beobachtet, gelernt und erfahren haben, soll helfen, konstruktive Schritte auf dem jeweils eigenen Weg zu gehen.

Im Anschluss (Kapitel 3) stellen wir verschiedene Modelle gemeinschaftlichen Lebens vor. Viele Menschen denken bei diesem Stichwort sofort an ein Kloster ö. Ä., doch es gibt so viele andere Möglichkeiten – von verbindlichen regelmäßigen Treffen bis hin zu gemeinsamen Wohnformen. Wir sind uns sicher: Da ist für jeden etwas dabei! Wir haben Christen aus unserem Umfeld gebeten, von EmwAg und der Fachstelle Gemeinschaftliches Leben, über ihre eigenen Erfahrungen zu berichten. Entstanden ist ein

Gemeinschaftswerk von Singles und Familien, ganz unterschiedlichen Menschen, das ein buntes Bild von vielen verschiedenen Möglichkeiten gemeinschaftlichen Lebens zeigt. Dank all denen, die mitgeschrieben haben und durch ihren Beitrag dieses Buch bereichern.

Im vierten Kapitel geht es um Hilfen für erste Schritte auf dem Weg zur Gründung einer Gemeinschaft. Es kann losgehen ... Viele praktische Überlegungen, Fragen zur Reflexion, Tipps und Hinweise, was zu beachten ist, sollen Ihnen dabei helfen, Ihren eigenen Traum Wirklichkeit werden zu lassen.

Im letzten Kapitel gehen wir auf Fragen ein, die uns bei Tagungen und Seminaren häufig gestellt werden.

Es gibt in diesem Buch kein eigenes Kapitel einer biblisch-theologischen Grundlegung. Aber wir haben in allen Kapiteln bewusst biblische Bezüge aufgenommen.

Wir danken Ulrich Eggers für das Vorwort und der Lektorin Silke Gabrisch für ihre einfühlsame und kompetente Förderung unserer Schreibarbeit. Dank auch all unseren Freunden, die uns und unseren Weg in den letzten Jahren unterstützt und gefördert haben.

Dank unserem Gott, der das Wunder von Gemeinschaft so gern hervorbringt.

Wir wünschen Ihnen viel Gewinn beim Lesen und beten, dass Sie im Blick auf gemeinschaftliches Leben Ihren persönlichen Weg finden.

Astrid Eichler, Thomas und Irene Widmer-Huber
im Juni 2010

Kapitel 1

Und es begab sich – Geschichten und Geschichte

Astrid Eichler

> *Gemeinschaft, das sind nicht zwei Einsame, die einander suchen. Gemeinschaft besteht aus der Einsamkeit vor Gott, die sich ausstreckt nach der Einsamkeit vor Gott: Zwei von Gott Geliebte, die zusammen ein Zuhause bauen können.*
>
> Henri Nouwen[1]

Die Idee für dieses Buch

Es war an einem Abend im November 2009, weit nach 22 Uhr. Ich war ohnehin müde – und da gerade die »Werkstatt-Tage gemeinschaftliches Leben« in Altensteig im Nordschwarzwald begonnen hatten, erst recht. Der Tag war anstrengend gewesen. Und das kommende Wochenende lag vor mir wie so vieles in den vergangenen Monaten: wie ein Abenteuer.

36 Singles und zwei Ehepaare waren zusammengekommen, um über Fragen gemeinschaftlichen Lebens nachzudenken – darunter auch Thomas und Irene Widmer-Huber aus Riehen bei Basel. Als Familie leben sie seit ca. 20 Jahren in Gemeinschaft. Sie haben ihre Erfahrungen reflektiert, analysiert und systematisiert und wollen anderen auf dem Weg zu gemeinschaftlichem Leben helfen. Man muss ja nicht alle Fehler selber machen, und nicht alle müssen dieselben Fehler machen, oder?

Nach dem offiziellen Abendprogramm war ich intensiv mit einer Frau im Gespräch gewesen. Jetzt nur noch ein Gedanke: »Schnell ins Bett.«

---

1 AUFATMEN, Sonderheft Stille 2010, S. 34.

Da kommt Thomas auf mich zu. In seiner typischen, zurückhaltenden, etwas zögerlichen Art gibt er mir zu verstehen, dass er noch eine Frage hätte. Und dann höre ich: »Könnte es nicht an der Zeit sein, dass wir gemeinsam ein Buch herausgeben?«

Ich bin überrascht, irritiert – und begeistert. Ja, das ist ein Gedanke, der in mir zündet ... Habe ich doch seit Monaten eine E-Mail vom Verlag in meinem Postfach: »Frau Eichler, haben Sie eine neue Buchidee?« Nein, ich hatte keine Idee.

Es war sowieso nie meine Idee gewesen, Bücher zu schreiben. Nein, das hätte ich mir nicht träumen lassen. Als ehemalige Bürgerin der DDR war es nach der friedlichen Revolution schon sehr ungewöhnlich, überhaupt für die Öffentlichkeit schreiben zu können. Und wenn ich nicht »zufällig« im AUFATMEN-Team gelandet wäre – ich wäre nie unter die Bücherschreiber gegangen. Von dort kam die Idee zu meinem ersten Buch *Gott hat gewonnen* (SCM R.Brockhaus, Witten 2003). Ein Kapitel handelt von meiner Situation als Single und den Folgen und Fragen, die sich daraus ergeben. Das vermutlich war der Anstoß, dass der Verlag mich später fragte, ob ich nicht ein Buch für christliche Singles schreiben könne.

»Und es begab sich ...« – mehr kann ich dazu nicht sagen.

Das andere Buch *Es muss was Anderes geben*

2006, also vor gar nicht so langer Zeit, erschien das Buch *Es muss was Anderes geben. Lebensperspektiven für Singles*. Was sich seitdem alles ereignete, was sich daraus entwickelt hat, nimmt mir manchmal den Atem.

Im November 2006 stellte ich auf einer Tagung für Singles in Cuxhaven das Buch ausführlich vor. Wie viele haben mich anschließend angesprochen, haben mir geschrieben: »Du sprichst mir aus dem Herzen.« – »Ja, genau das habe ich auch erlebt und empfunden, aber ich konnte es nicht in Worte fassen.«

Es muss für Singles einfach was Anderes geben als eine traurige Existenz auf dem Bahnsteig des Lebens. Warten auf den Traumprinzen, der dann das große Glück bringt – nein, das kann es nicht sein! Hat Jesus doch gesagt: *»Ich ... bin gekommen, um ihnen das Leben zu geben, Leben im Überfluss«* (Johannes 10,10; GNB). Und damit hat er sicher nicht nur Verheiratete gemeint!

Nein, dieses Leben in Fülle gibt es auch für Singles. Diese Grundüberzeugung anderen mitzuteilen und sie zu ermutigen, sich auf den Weg zu machen, die Fülle zu empfangen, zu erleben – das war mein Wunsch für das Buch *Es muss was Anderes geben.*

Und im 21. Jahrhundert muss es vermutlich auch noch was Anderes geben als die traditionellen gemeinschaftlichen Segensorte, Klöster und Kommunitäten. Nun, es war schon immer klar: *Es ist nicht gut, dass der Mensch allein sei* (1. Mose 2,18a), und so haben ehelos lebende Christen sich bereits sehr früh in der Kirchengeschichte zu Gemeinschaften zusammengeschlossen. Diese geistlichen Inseln oder Berge, von denen Segen ins Land fließt, gibt es bis heute. Und wir brauchen diese Orte.

Aber es braucht auch geistliche Orte, die ganz nah bei den Menschen sind. Orte gemeinschaftlichen Lebens für diejenigen, die in ihrem Beruf stehen, sich als Christen in Kirche und Gesellschaft engagieren, Orte der Zugehörigkeit und Heimat, Orte, an denen zugehört, miteinander gelacht und geweint, gegessen und gebetet wird. Wenn wir uns umschauen, sehen wir, wie sich an ganz verschiedenen Stellen Christen in Richtung Gemeinschaft in Bewegung setzen.

Ich bin zutiefst davon überzeugt: Die Kirche der Zukunft wird viel weniger institutionell und viel mehr gemeinschaftlich sein.

In meinem Buch habe ich geschrieben: »Unsere Zeitgenossen brauchen meist keine vielen ›schönen Veranstaltungen‹. Sie brauchen nicht noch mehr Termine. Sie brauchen stattdessen Orte, an denen Leben gemeinsam gestaltet wird und Wärme durch verlässliche Beziehungen spürbar wird; Orte, an denen das Leben wieder etwas von seinem Festcharakter gewinnt.«

Und wir, ganz besonders Singles, brauchen diese Orte.

Es ist nicht gut, dass der Mensch allein sei ...

Tun wir einen wachen Blick in unsere Gesellschaft. Der westliche Individualismus hat uns fest im Griff. Natürlich ist dieser Individualismus, wie er sich seit der Aufklärung entwickelt hat, eine große Errungenschaft, ein Gewinn für die Menschheit. Aber es ist bei großen Errungenschaften wohl immer so, dass sie auch ihre Schattenseiten haben.

In meinen verschiedenen Diensten erzählen mir Menschen immer wieder von ihren Gesprächen mit einem Therapeuten. Und manchmal, wenn ich nachfrage, worum es denn da gehe, bekomme ich zur Antwort: »Ja, wir reden darüber, wie es mir jetzt geht, was ich in der letzten Zeit erlebt habe und so ... Ich habe ja sonst niemanden, der mir mal zuhört.«

Es ist nicht gut, dass der Mensch allein sei – und ich bin mir sicher, dass ganz viele Erkrankungen unserer Zeit letztlich ihre Ursache darin haben, dass wir niemanden haben, der uns einmal zuhört, mit dem wir Freude und Leid teilen können.

Ich kann mich noch gut an die Zeit meines Einzelkämpfertums als Pfarrerin in der Prignitz erinnern: Wie gut war es, wenn ich Freunde anrufen konnte! Und wenn sie mir einfach nur zuhörten, reichte das oft schon. Wenn ich wusste: Jetzt beten welche für mich. Ich habe es sehr oft erlebt, dass mein Herz dann wieder atmen konnte.

Als Single kam irgendwann der Moment, in dem ich merkte: Ich gehöre nirgendwo dazu. Die Frage, die mich aufschreckte, war: »Wenn meine Mutter einmal nicht mehr lebt, dann habe ich keinen Ort, wo ich ohne zu fragen hingehen kann.« Natürlich habe ich Beziehungen zu Geschwistern, Verwandten, Freunden – aber bei ihnen wäre ich immer zu Besuch, wäre Gast. Zu Hause bin ich allein ... Und kann das dann überhaupt ein Zuhause sein?

Eine Singlefrau erzählte mir, wie sie plötzlich total erschrocken und frustriert war: »Eigentlich müsste ich eine Patientenverfügung schreiben, eine Vorsorgevollmacht – aber wen soll ich denn da reinschreiben? Ich habe niemanden, den ich benennen könnte.«

Eine ganz praktische Angelegenheit, die eine tiefe Not beschreibt.

EmwAg entsteht

Bei unserer ersten Tagung im November 2006 sagte ich zum Schluss: »Ich suche jetzt andere, die mit mir das Andere suchen – ob es das wohl gibt und wie es aussehen könnte.«

In den kommenden Monaten fanden sich 23 Frauen aus ganz Deutschland, die sich als »Suchtruppe« miteinander auf den Weg machten. Allein die Verteilung übers Land brachte mich zum Staunen: Das ging von Ostfriesland, Bremen, Hamburg über Berlin, den Harz, Dresden und Bayreuth bis ins Schwabenland und nach München, ja bis in die Schweiz hinein.

So was »kann man« nicht organisieren ... »Es begab sich ...«

Bei Veranstaltungen stellte man mir in der ersten Zeit oft die Fragen: »Ja, wie geht's denn nun? Wir wollen auch zusammenziehen. Was müssen wir tun?« Dabei überkam mich immer ein gewisses Unwohlsein. Und ich dachte an die Situation eines Hausbaus. Wenn jemand ein Haus bauen will, geht er ja auch nicht zum Baumarkt, holt 10 000 Steine, 8 Fenster, 10 Türen und los geht's. Nein, jeder wüsste: So geht es nicht!

Man braucht einen Architekten. Der will erst einmal wissen: Für wen ist dieses Haus? Was wollt ihr in diesem Haus? Wie soll es aussehen? Man redet, er entwirft, man verwirft usw., bis der Plan steht. Als Nächstes laufen diverse Genehmigungsverfahren, bis der Bau beginnen kann. Und dann werden die Freunde der Familie schon langsam ungeduldig, weil immer noch nichts zu sehen ist. Die Fundamentarbeiten werden gemacht. Das dauert. Da darf nicht gepfuscht werden!

Ein Haus zu errichten, braucht Zeit, ein Zuhause zu gestalten, mit anderen gemeinsam, braucht auch Zeit. Und man sollte nicht pfuschen. Es gibt schon genug Trümmer auf diversen christlichen Baustellen.

Das Dreieck

In der »Suchtruppe« haben wir uns Zeit genommen, um am Fundament zu arbeiten. Es ist ein Dreieck geworden. Zunächst sagte ich immer: »Das kann auch noch ein Sechseck werden.« Jetzt, Jahre später, denke ich: »Das ist es. Das sind die Grundwerte, die uns verbinden und auf denen wir gemeinschaftliche Lebenszellen, egal in welcher Form, gründen wollen.«

Die Formen können, sollen vielfältig sein. Aber die fundamentalen Grundwerte sollten dieselben sein.

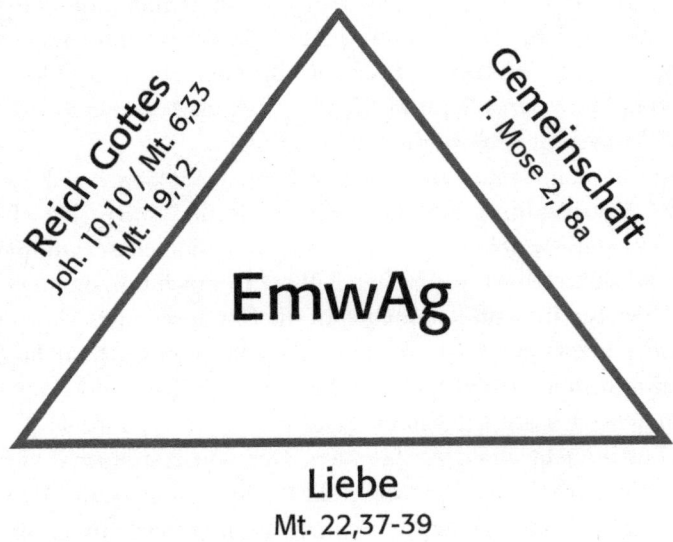

Die drei Linien zeigen die folgenden Grundwerte und sind Teil unserer Grundsatzerklärung:

1. Liebe

»Du sollst den Herrn, deinen Gott, lieben von ganzem Herzen, von ganzer Seele und von ganzem Gemüt.« Dies ist das höchste und größte Gebot. Das andere aber ist dem gleich: »Du sollst deinen Nächsten lieben wie dich selbst« (Matthäus 22,37-39).

Wir glauben, dass unser Leben durch die Liebe Gottes, wie er sie uns in Jesus Christus offenbart hat, zur Erfüllung kommt. Auf die Erfahrung seiner Liebe antworten wir mit unserer Liebe.

Wir sehnen uns danach, dass die Liebe Gottes unser Leben mehr und mehr durchdringt, damit wir ihn von ganzem Herzen lieben. Wir wollen wachsen in der Liebe untereinander und Orte schaffen, wo Menschen die Liebe Gottes erfahren und empfangen können.

Wir kehren um aus Selbstbezogenheit und Egozentrik zur Liebe als unserer tiefsten Bestimmung und Erfüllung. Wir brechen auf, Lebensformen zu finden und zu gestalten, in denen Liebe gelebt werden kann.

2. Gemeinschaft

Es ist nicht gut, dass der Mensch allein sei (1. Mose 2,18a).

Wir glauben, dass Gottes Bestimmung für unser Leben Gemeinschaft ist. Er selbst ist in seinem Wesen Gemeinschaft und hat uns für Gemeinschaft geschaffen.

Wir sehnen uns danach, in diese Bestimmung hineinzukommen und unser Leben mit anderen zu teilen. Um Gemeinschaft zu erfahren, in der Leben und Kraft freigesetzt wird, gehen wir mit anderen verbindliche Vereinbarungen ein.

Wir kehren um von einem nach Unabhängigkeit strebenden Individualismus zur Gemeinschaft als der von Gott gewollten Lebensform. Wir überwinden unsere Angst vor Verletzungen und wagen es, mit anderen unser Leben zu teilen.

3. Reich Gottes

Jesus Christus spricht: Ich bin gekommen, damit sie das Leben und volle Genüge haben sollen (Johannes 10,10b).

Wir glauben, dass die Erfüllung unseres Lebens nicht davon abhängt, ob wir verheiratet oder unverheiratet sind. Wir sehen in Ehe und Ehelosigkeit zwei gleichwertige, von Gott

mit Erfüllung beschenkte Lebensformen. Wir wollen in der Lebensform, in der wir jetzt sind, die Fülle des Lebens von Gott empfangen.

Einige von uns nehmen den Stand der Ehelosigkeit als Berufung und Gabe von Gott an und drücken dies bewusst aus (vgl. Matthäus 19,12; 1. Korinther 7,7-9).

Wir kehren um vom Misstrauen gegen Gott, dass er uns vorenthalten könnte, was wir zum Glück brauchen. Wir brechen auf zum Vertrauen auf Gott, dass er schon jetzt die Fülle des Lebens für uns hat.

Wir kehren um von der Festlegung, in der Ehe die für uns einzig angemessene, Glück und Erfüllung versprechende Lebensform zu sehen. Wir suchen für die, die bewusst ehelos leben wollen, einen Weg, dies öffentlich zu bekennen, zu feiern und zu gestalten.

Aufgrund dieser Werte gibt es drei Absichtserklärungen.

Wir wollen einander helfen:
- Gott mehr zu vertrauen,
- ihm besser zu gehorchen
- und ihn mehr zu lieben.

Wir wollen einander geben:
- Zuwendung und Korrektur, um persönlich und geistlich zu wachsen;
- Zugehörigkeit, Heimat und Schutz.

Wir wollen Menschen sein:
- die miteinander das Leben teilen,
- gemeinsam beten und feiern
- und andere zu einem Leben in der Freude des Glaubens einladen.

Auf diesem Fundament können wir ganz verschieden aufbauen. Sehr unterschiedliche Menschen können in unterschiedlicher Ausprägung und Konkretion Leben miteinander teilen, Gemeinschaft finden und daraus Leben und Kraft schöpfen.

Als wir im Herbst 2007 zu einer nächsten Tagung zusammenkamen, lagen hinter mir schon einige Impulstage in verschiedenen Städten Deutschlands. Eine Suchbewegung war entstanden und wir hatten einen verrückten Namen bekommen: Als es darum ging, dass der Verlag eine Homepage einrichten wollte, sollte diese www.astrideichler.de heißen. »Nein, auf keinen Fall« – das wollte ich nicht! »Nehmen Sie doch den Titel des Buches«, meinte ich. »Nein, der ist zu lang« – und so kam es zu www.emwag.de – den Anfangsbuchstaben des Titels.

Erst setzten wir es immer in Anführungszeichen. Aber irgendwie brauchten wir ein Wort, um von dem zu reden, was wir meinten, und so wurde es immer selbstverständlicher, von EmwAg zu sprechen.

Aus der »Suchtruppe« wurde im Herbst 2007 eine Spurgruppe – denn wir hatten tatsächlich eine heiße Spur gefunden! Jetzt waren es knapp 40 Frauen, die sich gemeinsam auf den Weg machten, um an dem Netzwerk weiterzuknüpfen.

»Und wo sind die Männer?«, werden manche fragen. In einigen der inzwischen entstandenen regionalen Gruppen sind Männer dabei. Es gibt Treffen und gemeinsame Unternehmungen. Bei den Tagungen sind immer auch ca. 10 Prozent der Teilnehmer Männer. Aber an den Stellen, wo es darum ging, sich »einzuklinken«, gemeinsam nach Perspektiven zu fragen, mitzusuchen, mitzugestalten, da haben sich ausschließlich Frauen auf den Weg gemacht. »Frauen sind anders – Männer auch.«

Ist es nicht so, dass auch in mancher Ehe genau dies ein Problem ist: Die Frauen wünschen sich Zeit zu zweit, sie wollen miteinander reden, vertrauten Austausch haben. Und der Mann geht viel lieber das Auto waschen. Männer und Frauen sind verschieden in ihrem Bedürfnis, Gemeinschaft zu leben und zu gestalten. EmwAg für Männer würde daher noch einmal ganz anders aussehen als bei uns Frauen. Deshalb braucht es Männer, die sich mit anderen Männern gemeinsam auf den Weg begeben. Oder eben die Gemeinschaft mit Ehepaaren.

Das ist für viele ohnehin ein wichtiges Thema: Für manche Singles ist es gut und geradezu befreiend, einmal »unter sich« zu sein. Es ist gleich klar: Wir haben dieselben Erfahrungen gemacht, haben manchmal dieselben Verletzungen, dieselben Defizite, aber auch den gemeinsamen Reichtum der Freiheit. Es tut gut, ungeschützt reden zu können. Aber für manche ist es auch eine Horrorvorstellung: »Nur mit Singles ... Nein, bloß das nicht.«

Die Ellipse

An dieser Stelle spreche ich immer von einer Ellipse.

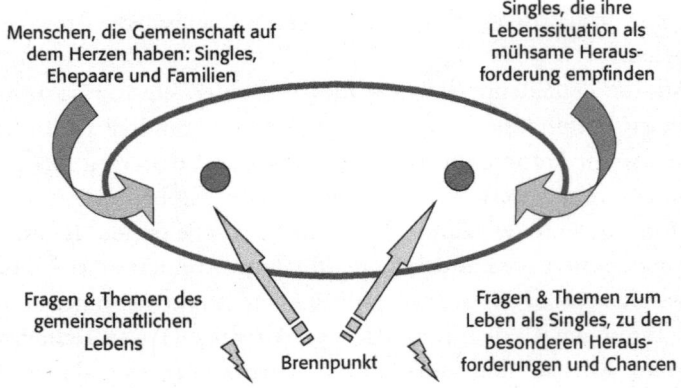

EmwAg ist wie solch eine Ellipse mit zwei Brennpunkten. Auf der einen Seite sind die Singles. Viele sind noch auf dem Bahnsteig ... warten auf das Glück des Lebens, sind enttäuscht von früheren Beziehungen, verletzt, frustriert. Einige haben ihr Leben reduziert auf das »AES-Syndrom« (arbeiten – essen – schlafen). Das ist ganz sicher nicht das Leben in Fülle, von dem Jesus spricht.

Hier braucht es viel Raum, um erst einmal anzukommen. Man benötigt Zeit, um Heilung und Wiederherstellung zu empfangen. Wir ermutigen dazu, sich um die eigene Seele zu kümmern. Dazu bieten wir Tagungen und Seminare an, in denen es um die ganz spezifischen Lebenssituationen und -fragen von Singles geht. Das ist nötig, bevor der Aufbruch zu einem neuen Leben möglich wird.

Der zweite Brennpunkt der Ellipse ist Gemeinschaft. *Es ist nicht gut, dass der Mensch allein sei*, das gilt auch für Singles. Und das Leben in Fülle wird sich immer auch in Gemeinschaft ereignen. Da, wo wir uns mitteilen, einander **Z**uwendung schenken und uns **k**orrigieren, da werden wir miteinander **w**achsen (Z+K = W); charakterlich und geistlich werden wir reifen.

Lasst uns aber wahrhaftig sein in der Liebe und wachsen in allen Stücken zu dem hin, der das Haupt ist, Christus, von dem aus der ganze Leib zusammengefügt ist und ein Glied am andern hängt durch alle Gelenke, wodurch jedes Glied das andere unterstützt nach dem Maß seiner Kraft und macht, dass der Leib wächst und sich selbst aufbaut in der Liebe (Epheser 4,15-16).

Wachsen zu Christus hin, das hat etwas mit dem »Aneinanderhängen« zu tun, mit Gemeinschaft, in der jedes Glied das andere unterstützt. Dabei gehen wir davon aus, dass es sehr verschiedene Gemeinschaftsformen gibt und zunehmend geben wird. Es wächst ja schon so viel Neues auf. Schauen wir nur genauer hin.

Da kann es sein, dass Singles sich zusammentun, vielleicht zunächst noch über große Entfernungen hinweg. Vielleicht heiratet dann doch noch eine von ihnen. Ja, klar – und dann lädt sie die anderen zur Hochzeit ein.

Oder Singles, die in ihrem Herzen wissen, dass der Stand der Ehelosigkeit das ist, was Jesus ihnen geschenkt hat, verbinden sich miteinander, um ihren Weg miteinander zu teilen.

Oder Singles bilden mit Familien gemeinschaftliche Lebenszellen: Alle wohnen in einem Haus oder in einer Straße. Im dritten Kapitel dieses Buches geht es darum, die Vielfalt der Möglichkeiten einmal anzuschauen, um dann selbst kreativ zu werden. Hauptsache nur, wir »singlen« nicht allein durchs Leben ... Denn *es ist nicht gut, dass der Mensch allein sei*.

EmwAg ist wie ein Haus

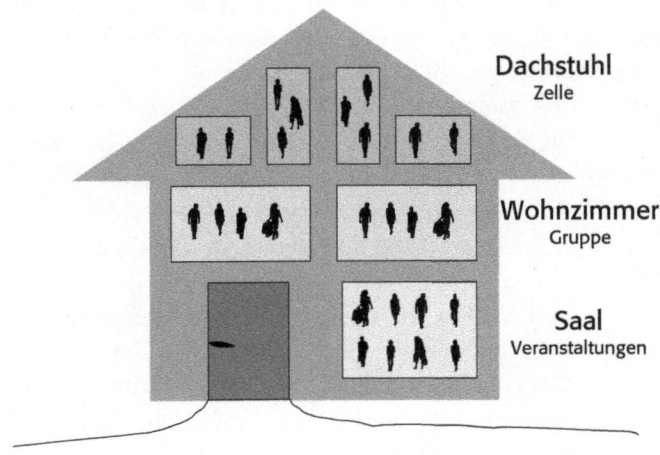

Im EmwAg-Haus gibt es einen großen **Saal**. Er hat ein Schaufenster und von der Straße kann jeder sehen: Hier ist was los. Hier will ich mal reinschauen. Es braucht Räume und Zeiten, wo jeder Zutritt hat, wo jeder hören und sehen und erleben kann, was wir meinen. Die Perspektiven für ein Leben, auch ohne Ehe, die Verheißung eines Lebens in Fülle, die jedem gilt, das muss gesagt, dazu muss eingeladen werden. Es braucht daher Veranstaltungen, die für jeden zugänglich sind und die dazu einladen, sich auf den Weg zu machen.

Es gibt auch ein paar Seitenräume, in denen Seelsorge geschieht, wenn Schmerz aufbricht, und wo Menschen bereitstehen, die mit Ängsten und Verletzungen umgehen können. Außerdem wird dort für die gebetet, die zögernd am Eingang stehen.

Dann können die, die im Saal gemerkt haben: »Oh, das gefällt mir, ich will mehr ... ich will euch wiedersehen« weitergehen. Da gibt es **Wohnzimmer**, regionale Gruppen, die sich regel- oder unregelmäßig treffen. Hier wird gemeinsam gegessen und gefeiert. Und es gibt viel Raum, sich einander mitzuteilen und füreinander zu beten. Jede Gruppe gestaltet die Treffen so, wie es zu ihr passt.

Es werden vor allem Singles sein, die hier einen Ort finden, ungeschützt reden zu können. Sie wissen: Wir kommen aus derselben Situation, haben ähnliche Kämpfe, Fragen und Herausforderungen. Aber es kann auch »gemischte Gruppen« geben. Vieles ist möglich – eben so, wie es sich ergibt und wie es für die, die dabei sind, gut ist.

Und dann finden sich welche, die sagen: »Wir gehören zusammen. Wir gehen in die **Dachstube**. Wir haben eine feste Vereinbarung, wir wollen zusammenwachsen und sind offen für eine gemeinsame Zukunft.« Für eine bestimmte Zeit machen sie sich gemeinsam auf den Weg, vielleicht zunächst für ein Jahr, damit wachsen kann, was für die Zukunft tragfähig ist. Darauf können gemeinschaftliche Lebenszellen gebaut werden, die lebenslänglich zusammenbleiben.

EmwAg träumt

Die Spurgruppe von EmwAg, die sich 2007 auf den Weg machte, hat ihren Traum formuliert:

»Überall im ganzen Land entstehen kleine »EmwAg-Zellen«. Gemeinschaften mit drei oder mehr Personen, die entsprechend ihrer Situation Verbindlichkeiten vereinbaren und Leben miteinander teilen. Aus einer Gemeinschaft von Menschen in einem Stadtteil kann eine Haus- oder Wohngemeinschaft werden (lokale Ebene). Wie kleine Lagerfeuer werden diese Gemeinschaften zu Orten der Wärme und Geborgenheit.

Entstandene Zellen verbinden sich und stehen miteinander im Austausch. In den verschiedenen Regionen gibt es Treffen und Ansprechpartner für Interessierte und Suchende (regionale Ebene). Es entsteht ein Netzwerk im Land ...«

Und dieser Traum ist größer als die Lösung des Einsamkeitsproblems von Singles. Hier geht es um mehr: Hier geht es um eine tiefe Wirklichkeit christlichen Lebens für alle Christen. Hier geht es um das Abenteuer des Glaubens, das nicht nur die Hingabe an Christus meint, sondern auch die Hingabe an die Schwestern und Brüder umfasst. Hier wird die Kraft des Evangeliums freigesetzt, sodass nicht mehr jeder auf das Seine sieht, sondern darauf achtet, was dem anderen dient: *Tut nichts aus Eigennutz oder um eitler Ehre willen, sondern in Demut achte einer den andern höher als sich selbst, und ein jeder sehe nicht auf das Seine, sondern auch auf das, was dem andern dient* (Philipper 2,3-4).

Der Traum fängt an, Gestalt anzunehmen, und das weit über EmwAg hinaus. Wir verbinden uns mit anderen, die schon auf dem Weg sind. Wir lernen von denen, die bereits Jahrzehnte in Gemeinschaften leben, von Orden und Kommunitäten, von Familiengemeinschaften. Wir ermutigen Menschen und fangen selbst an, in ganz verschiedenen Formen das Leben mit anderen zu teilen, uns auf Verbindlichkeit einzulassen, Orte der Zugehörigkeit und Heimat zu schaffen und zu gestalten. Es ist ein zartes Pflänzchen, aber es trägt Kraft in sich, weil Gott Gemeinschaft will.

Meine Geschichte mit Gemeinschaft – Anfänge

Meine Kindheit und Jugend erlebte ich in einem Diakonissenhaus. Aufgewachsen im Stift Bethlehem in Ludwigslust in Mecklenburg, verbrachte ich meine Ausbildung zur Krankenschwester im Luise-Henrietten-Stift in Lehnin.

In dem Diakonissenhaus lernte ich von Anfang an, dass es neben dem Leben in Ehe und Familie für Christen auch noch eine Alternative gibt. Von daher stand mir die Möglichkeit der Ehelosigkeit immer vor Augen und ich konnte mein Leben als Single aus einer anderen Perspektive betrachten.

Schon in Ludwigslust ging ich in den Bibelkreis der Schwesternschülerinnen und lernte ein verbindliches Christsein kennen. Ich erlebte die ersten Gebetsgemeinschaften und gemeinsamen Urlaube. In Lehnin gab es ebenfalls einen Bibelkreis, zu dem ich von Anfang meiner Ausbildungszeit an gehörte. Hier erlebte ich zunehmend ein »ganzes Christsein« – gemeinsames Bibellesen und

Beten, Gottesdienste und Wochenenden, Rüstzeiten und Urlaube. Wir verbrachten viel Zeit miteinander. In Krisen halfen wir einander und wuchsen im Glauben zu einer festen Gemeinschaft. Wir spürten, welche Kraft in dieser Gemeinschaft lag.

Ich besorgte mir Literatur über Gemeinschaften und Kommunitäten. Das brachte in mir etwas zum Klingen. Wir bewegten gemeinsame Zukunftsfragen und ich fing an, eine »Regel« zu erarbeiten. Ich sehnte mich danach, mich mit anderen zu verbinden, Reich Gottes gemeinsam zu erleben und zu gestalten.

Auch als ich Lehnin schon längst verlassen hatte, meine »Lehr- und Wanderjahre« als Hausmädchen und Gemeindepraktikantin absolvierte und das Theologiestudium begann, gehörte ich in Lehnin dazu.

Aus der Ferne, nicht unmittelbar beteiligt, aber doch mittelbar betroffen, erlebte ich mit, wie die gemeinschaftliche Lebenszelle auseinanderfiel. In den Strukturen eines Diakonissenhauses war damals noch nicht der Raum, dass ein neues Pflänzchen hätte aufwachsen können.

1986 wurde ich zunächst Vikarin, dann 1988 Pfarrerin in der Prignitz. Mein Mentor während der Vikariatszeit gehörte zu einem sogenannten »Bruderkreis«. Er bestand damals aus fünf Ehepaaren (vier davon Pfarrer mit ihren Frauen), die sich regelmäßig trafen. Sie unterstützten sich in ihrem jeweiligen Gemeindedienst. Einmal im Jahr boten sie gemeinsam eine Rüstzeit für ihre Gemeinden an. Ich wurde eingeladen, dabei zu sein, und wuchs in diese Gemeinschaft hinein.

In den verschiedenen Gemeinden gab es zahlreiche engagierte Christen. Aus der Jugendarbeit waren die ersten kirchlichen Mitarbeiter erwachsen. Es wurde unser Anliegen, diese haupt- und ehrenamtlichen Mitarbeiter zu sammeln, zu begleiten, Verbindlichkeit anzubieten, die über den ursprünglichen Bruderkreis hinausging. Wir brüteten darüber, ich fing an, Leitlinien zu schreiben.

Dann kam das Jahr 1989, die friedliche Revolution, der Mauerfall. Als Bürger der ehemaligen DDR mussten wir uns der Tatsache stellen, dass sich in unserem Leben *alles* veränderte. Von der Zeitung über die Währung, das Bildungssystem bis zur Zahnpasta. Da blieb *nichts,* wie es war – und das betraf auch unseren Dienst. Es gab völlig ungeahnte neue Möglichkeiten, aber auch total neue Herausforderungen.

Unter dem Druck dieser Anforderungen erstarb das Gespräch über mehr Gemeinschaft, mehr Verbindlichkeit. Jeder hatte mehr als genug zu tun ... und ganz unmerklich zerfiel die Gemeinschaft.

Jahre des Kampfes

Als 1988 in das Pfarrhaus, in dem ich schon seit einem Jahr unter schwierigen Umständen allein lebte, eine Katechetin mit eingezogen war, hatte ich die große Hoffnung gehabt, dass zwischen uns Gemeinschaft wachsen würde, dass wir miteinander so eine Zelle gemeinschaftlichen Lebens werden würden. Aber es war schwierig und wurde immer schwieriger. 1991 zog sie wieder aus.

Ich musste erkennen, dass unsere Erwartungen überhaupt nicht zusammenpassten. Während ich mich dem Dienst ganz verschrieben hatte und jemanden suchte, der vor allem dieses Anliegen mit mir teilte, war sie das erste Mal nach Lehre und anschließender Ausbildung in einer Bibelschule nicht in einem Internat, war endlich selbstständig und wollte das auch ausleben. Dass unser Miteinander nicht gelang – dafür gab es keine Schuldige. Aber trotzdem war es für mich sehr schmerzlich, als wir uns trennten.

Wieder allein! Ich konnte es nicht fassen. Und ich verstand Gott nicht! Hatte ich ihm doch gesagt, dass ich ganz für ihn da sein wollte ... dass ich auch bereit war, ehelos zu leben, wenn das sein Wille war ... Aber so allein. Das konnte es doch nicht sein! Ich fühlte mich preisgegeben, ausgenutzt und erlebte eine tiefe Einsamkeit. In dieser Zeit kam ich in eine tiefe Krise mit meinem Single-Sein. Es ging an die Substanz meines Lebens und Glaubens. Ein Kampf mit mir und mit Gott.

Bei einem Kongress saßen wir in kleinen Gruppen zusammen zum Gebet. Da betete einer: »Gott, ich danke dir, dass du uns nie allein schickst, sondern immer zu zweit.« Ich fiel ihm ins Wort. »Ich erlebe das gerade ganz anders.« Ich konnte solche frommen Weisheiten nicht vertragen. Gott erlaubte es sich offensichtlich, seine Prinzipien zu durchbrechen. Mich hatte er allein geschickt.

Immer wieder kam ich vor Gott mit meinem Schmerz, meiner Verzweiflung, meiner Sehnsucht. Dieser Weg hatte viele verschiedene Etappen. Und heute im Rückblick sage ich gern: »Als es am engsten war, wurde es am engsten.«

Ja, es gab Wegstellen, da war es sehr, sehr eng für mich. Aber ich hatte mich festgelegt. Eins meiner Gebete in dieser Zeit war das Gebet des Jakob am Jabbok:

Ich lasse dich nicht, du segnest mich denn (1. Mose 32,27). Ein anderes war aus Psalm 73. Der Psalmist ist verzweifelt, dass es anderen so gut und ihm selbst so schlecht geht und er betet: *Dennoch bleibe ich stets an dir; denn du hältst mich bei meiner rechten Hand, du leitest mich nach deinem Rat und nimmst mich am Ende mit Ehren an. Wenn ich nur dich habe, so frage ich nichts nach Himmel und Erde. Wenn mir gleich Leib und Seele verschmachtet, so bist du doch, Gott, allezeit meines Herzens Trost und mein Teil ... Aber das ist meine Freude, dass ich mich zu Gott halte und meine Zuversicht setze auf Gott, den HERRN, dass ich verkündige all dein Tun* (Psalm 73,23-28).

Irgendwann hatte ich Gott einmal gesagt: »Ich will zu einem Menschen werden, der das so bekennen kann!« Dazu musste ich in Situationen kommen, wo es nach meinem Empfinden um alles ging, wo es mir schien, als ob ich wirklich nichts hätte von dem, was ich brauchte, dass mir »Leib und Seele verschmachteten«.

Ich hatte zum Glück sehr früh in meinem Christenleben gelernt, dass es nicht darum geht, dass Gott mir alle meine Wünsche erfüllt, sondern dass ich mich ihm hingebe und vertraue, dass er es gut macht.

Nun, es war für mich nicht einfach, als ich bemerkte, dass es mit meinem Vertrauen auf ihn nicht so weit her war. Ich stellte fest, dass das letztlich die Kernfrage meines Lebens war: Vertraue ich Gott, dass er in seiner Liebe zu mir zur rechten Zeit das Richtige tut, dass er mein Bestes will und am besten weiß, was das Beste für mich ist? Es war ein für mich besonders wichtiger Tag, als ich Gott sagte: »Ich höre jetzt auf, mir anzumaßen zu wissen, was das Beste für mich ist. Ich weiß es nämlich nicht.«

In diesen Jahren des Kampfes, der Niederlagen, der Enttäuschungen über Gott und über mich ist zwischen Gott und mir eine Nähe gewachsen, die ich als ganz besonderes Geschenk erlebte. Ja, wo es am engsten war ... wo mir fast die Luft wegblieb, da hat er an unserer Beziehung gearbeitet und hat seine Liebe tief in mein Leben fallen lassen. Da wurde etwas »satt« in mir und still.

Es ist mir sehr bewusst, dass ich manches Mal drauf und dran war zu fliehen. »Ich kann nicht mehr – es geht nicht mehr.« Auch dann wäre ich nicht aus seiner Gnade gefallen. Er hätte mich ziehen lassen und wäre mit mir gekommen. Aber was hätte ich versäumt, wenn ich früher ausgestiegen wäre!

Nach einigen Jahren änderte sich die Situation. Es kam zunächst ein Vikar für seine zweite Ausbildungsphase in unsere Gemeinde, dann gab es Mitarbeiter der ökumenischen Kirchenwochenarbeit und andere, die mich in meinem Dienst unterstützten und mit denen ich mein Leben teilen konnte. Eine, die zunächst punktuell und dann »für immer« kam, war Michaela, die wir als Pastoralassistentin angestellt hatten. Wir wohnten zusammen, arbeiteten zusammen und hatten für unsere Gemeinschaft eine langfristige Perspektive. Ab und zu witzelten wir, wer wen im Alter pflegen würde. Da ich dreizehn Jahre älter war, hatte ich natürlich die besseren Aussichten, von ihr gepflegt zu werden, als umgekehrt. Endlich Gemeinschaft – was für ein Geschenk! Wir – zwei Ehepaare, Michaela und ich – waren nicht nur Dienstgemeinschaft, sondern mehr und mehr auch Lebensgemeinschaft.

Aber: Gemeinschaft ist angefochten, umkämpft, zerbrechlich. Völlig unerwartet kamen wir in eine Krise. Plötzlich waren wir in einem Konflikt voller Missverständnisse und Misstrauen. Es ist bis heute letztlich nicht ganz klar, was in dieser Krise ablief. Wir hatten intensive Begleitung von außen, gaben uns viel Mühe. Aber das Ende war Trennung. Die beiden Ehepaare verließen die Prignitz.

Als diese Entscheidung getroffen war, erlebte die Pastoralassistentin, meine Freundin und Mitbewohnerin, einen Ruf vom

Herrn. Sie kam von Exerzitien zurück und wusste, dass ihr Weg sie in eine Kommunität führen würde. Das konnte doch nicht sein?! An dem Abend, an dem sie mir davon erzählte, klang in meinem Herzen ganz deutlich auf: *Wenn ich nur dich habe, so frage ich nichts nach Himmel und Erde. Wenn mir gleich Leib und Seele verschmachtet, so bist du doch, Gott, allezeit meines Herzens Trost und mein Teil* ... (Psalm 73,26).

Wir hatten bis zu ihrem Umzug noch elf Monate Zeit. Eine harte Zeit, ein harter Abschied. Ich versuchte, es nicht so sehr zu zeigen, wollte ich es ihr doch nicht zusätzlich schwer machen, ihren Weg, der so klar vor ihr lag, zu gehen. Die Beziehung zwischen Michaela und mir war etwas Besonderes. Da war über nun inzwischen acht Jahre etwas Kostbares gewachsen. Nähe, Vertrautheit, Vertrauen.

Wieder ging etwas zu Ende. Und das wog schwer. Ich merkte, wie nahe es lag, nun zu sagen: »Nie wieder ... Nie wieder lasse ich mich auf enge Beziehungen, auf Vertrautheit, auf Gemeinschaft ein ... Nie wieder, keinen lasse ich mehr an mich ran!«

Ich kämpfte lange mit dem Schmerz des Verlustes. Etwas in mir fühlte sich im Stich gelassen, verlassen ... wieder einsam. Es wäre so einfach, zuzumachen. Ich betete: »Herr, bewahre mich davor zu sagen: ›Nie wieder.‹«

Es gehört ganz sicher zu den schwierigsten geistlichen Aufgaben, mit Enttäuschungen umzugehen, sie anzuschauen, zu verarbeiten, zu bewältigen. Aber nur dann werden wir frei, uns wieder neu zu öffnen. Wie arm wird unser Leben, wenn wir bei Schmerz und Enttäuschung stehen bleiben. Das wollte ich nicht.

Es begann die nächste Etappe – wieder allein. Nicht mehr so wie vorher, denn die Situation in der Gemeinde hatte sich verändert. Es gab viele ehrenamtliche Mitarbeiter. Die große Wohnung gefiel mir auch ohne Mitbewohnerin gut. Irgendwie ging es besser als gedacht. Die Welt ging nicht unter ... Es war möglich! Nur in der Verantwortung war ich allein, und das beschwerte mich. Nach einem Jahr, in dem alles ganz gut ging, standen wieder Veränderungen bei den mir nun nächsten Menschen an.

Das brachte mich dazu, eine Sabbatzeit zu beantragen. Es wurde mir ermöglicht, für ein halbes Jahr aus dem Dienst auszuscheiden. Ein halbes Jahr, um zu fragen und zu prüfen, ob ich in der Prignitz alt werden sollte (dazu war ich bereit) oder ob Gott noch eine neue Idee für mich hatte.

Ein Teil der Auszeit war ein Studienurlaub. Ich wählte für meine Arbeit ein Thema, in dem ich die verschiedenen Fäden meines Lebens miteinander verbinden konnte: *»Modelle kommunitären Lebens – Möglichkeiten und Chancen für geistliche und missionarische Existenz – Auf der Suche nach neuen Wegen für Gemeinde und Pfarramt in der missionarischen Situation unserer Kirche«.*

Ich besuchte verschiedene Gemeinschaften. Das Herzstück dieser Zeit waren 30-tägige Exerzitien. Nachdem ich seit einiger Zeit jährlich 9-tägige Exerzitien machte, bekam ich nun die Möglichkeit, die 30 Tage zu machen.[2]

Am Ende kam ich mir vor wie ein frisch durchpflügter Ackerboden, aus dem so manches, was da nicht hineingehörte, entfernt worden war, und der nun offen dalag, um Neues aufzunehmen und wachsen zu lassen. Ich war wie »frisch verliebt«. Aber ich hatte noch keine Antwort, wie es für mich weitergehen sollte.

An einem der letzten Tage der Exerzitien war für die persönliche Gebetszeit ein Abschnitt aus Apostelgeschichte 9 vorgegeben worden, die Bekehrung des Saulus. Da heißt es in Vers 6: *Geh in die Stadt; da wird man dir sagen, was du tun sollst.* Dieser Satz leuchtete in mir auf. Es war, als wäre er mit Leuchtmarker gekennzeichnet. »Das ist es ... Ich gehe in die Stadt ... dort wird man mir sagen, was ich tun soll.«

Ziemlich schnell war mir klar: nach Berlin, zum Bischof. Ich war relativ überrascht über diese Klarheit. Und Freunde, die mich gut kannten, waren ebenso erstaunt. Dieser Weg war für

---

2 Ignatius von Loyola hat diese Exerzitien (= Übungen) im 16. Jahrhundert entwickelt. Ursprünglich ging es ihm darum, jungen Männern zur Klarheit zu verhelfen, ob sie einen Ruf für das Ordensleben hatten. Inzwischen sind Exerzitien ein rundum kostbares Instrument, um in der Beziehung zu Gott zu wachsen, Reinigung und Erneuerung zu erfahren und sensibler zu werden für die Stimme und das Handeln Gottes.

mich sehr ungewöhnlich. Das *musste* Gottes Idee sein. Ich würde nicht selbst auf eine solche Idee kommen. Nein, eigentlich passte das gar nicht zu mir. Aber diesmal passte es! Gott kann eben wirklich auf vielfache Weise zu uns sprechen.

Ende Juni 2004 hatte ich ein Gespräch mit unserem Bischof. Danach fiel die Entscheidung: Ich würde die Prignitz verlassen. War jetzt nicht die Zeit, das zu verwirklichen, was schon so lange in meinem Herzen schlummerte? Am Ende der Exerzitien war es mir so vorgekommen, als würde Gott mir die irgendwie noch losen Fäden meines Lebens in die Hand geben, und ich wollte sie jetzt nicht achtlos zur Seite legen. Ehelosigkeit kann, muss, soll doch nicht in die Einsamkeit führen. Aber meistens war das die Folge ... Einer der Fäden in meinem Leben war das kommunitäre Leben.

Ich wollte konkret das leben, was schon so lange in meinem Herzen lag, und begann ein Postulat in der Gemeinschaft Chemin Neuf.[3] »Das könnte es sein«, so empfand ich. Nachdem ich die ersten Monate noch von der Prignitz aus das Neuland betrat, wechselte ich dann nach Berlin und begann im Januar 2005 meine halbe Stelle als Pfarrerin in einer Justizvollzugsanstalt für Männer. Eine neue herausfordernde Situation: Dienst im Gefängnis und Postulat in der Gemeinschaft.

Kommunitäres Leben

Für mich war diese Zeit wie der zweite Teil der Liebesgeschichte, die in der Prignitz begonnen hatte. Immer wieder war es mir so gewesen, als ob der Herr mich fragte: »Astrid, bist du bereit, mit mir und für mich hierzubleiben?« Trotz aller Schwierigkeiten und

---

3 Chemin Neuf ist eine katholische Gemeinschaft, 1973 in Frankreich entstanden, die eine ökumenische Berufung lebt. Die Mitglieder kommen aus den verschiedensten Kirchen aus der ganzen Welt. Es gibt dort Männer und Frauen, die verheiratet sind, andere, die als Single noch nicht endgültig Klarheit über ihren Lebensstand haben, und Singles, die in ihrer Berufung zur Ehelosigkeit als Zölibatäre leben.

Härten, es war eine Liebesgeschichte, die jetzt ihre Fortsetzung fand. »Wo es am engsten war für mich, wurde es am engsten zwischen dem Herrn und mir.«

In der Zeit des Abschieds von der Gemeinde war mir oft so, als ob ich meine Wurzeln tief, tief aus dem Boden ziehen müsste. Und ich empfand: Das geht nur in der Liebe und durch die Liebe zwischen dem Herrn und mir.

Es war sehr schmerzhaft, aber es hatte Verheißung. Ich wollte endlich »ankommen« an dem Ort, an dem ich zu Hause sein könnte. Ich wollte endlich Gemeinschaft finden, in der ich mit anderen zusammen dem Herrn dienen konnte. Ich wollte endlich nicht mehr allein unterwegs, sondern geborgen sein in einer Familie von Schwestern und Brüdern, mit denen ich verbindlich, irgendwann dann auf Lebenszeit zusammengehörte. Das war meine Hoffnung und meine Perspektive und machte mir das Loslassen und Verlassen überhaupt möglich.

Und ich wusste um den Bund des Herrn mit mir. Die Ehelosigkeit war für mich zu dem Stand geworden, in dem Jesus mit mir leben wollte. Das hatte ich in einem festlichen Gottesdienst im Rahmen der Gemeinschaft Chemin Neuf festgemacht. Da war etwas in meinem Leben, das schon vor vielen Jahren aufgeleuchtet war. Zwischendurch hatte es seinen Glanz völlig verloren, war zum Defizit geworden, aber nun glänzte es wieder und war wie eine kostbare Perle für mich. In diesem festen Bund zwischen meinem Herrn und mir war es möglich, Vertrautes zu verlassen, loszulassen, in unbekanntes Land aufzubrechen.

Es kam alles ziemlich anders als gedacht. Heute finde ich in meinen Tagebüchern aus dieser Zeit sehr, sehr viele Einträge und Kopien von vielen langen Briefen, die ich damals geschrieben habe. Das Schreiben war für mich schon immer ein Weg, herauszufinden, was wirklich in mir vorgeht und worauf es für mich ankommt.

»Es gibt zwei Bilder, mit denen ich mein momentanes Lebensgefühl ganz gut beschreiben kann. Das eine ist ein frisch beschnittener Baum. So komme ich mir vor ... Da ist so vieles einfach abgeschnitten ... Ich weiß, dass so ein frisch beschnittener Baum

Verheißung in sich trägt. Damit tröste ich mich und hoffe, dass es auch bei mir so ist.

Das andere ist eins vom Gärtner. Ich habe mich in der Gemeinde in der Prignitz immer als Gärtner verstanden. Und ich empfinde, dass ich so eine Gärtnerin bin, die vor Jahren in eine Einöde gesandt wurde. Dort hat sie mit viel Mühe und Einsatz Land urbar gemacht, Pflänzchen angelegt, gegraben, gegossen, gehegt und gepflegt. Inzwischen ist ein schöner Garten entstanden, mit bunten Farben, mit einigen Früchten, etwas zur Freude von dem, der gesandt hat ... Die Gärtnerin kannte sich aus mit den Pflanzen, mit dem Boden, mit den Geräten ...Und jetzt findet sich diese Gärtnerin wieder in einem ganz anderen Garten. Es ist derselbe Landbesitzer, letztlich dieselbe Aufgabe ... aber alles andere ist fremd. Die Bodenbeschaffenheit, die Geräte, die Pflanzen, die Arbeitsmethoden ... Alles ist fremd ... eben doch ...« (1. Februar 2005).

Fremdheit – das war eine der stärksten Empfindungen in dieser Zeit, die Entdeckung: »Wo ich zu Hause bin, bin ich allein, wo ich in Gemeinschaft bin, bin ich fremd.« Doch das würde sich bald geben, war meine und unsere Zuversicht. Es brauchte einfach Zeit, schließlich war ich nicht mehr 30. Es würde dauern, bis meine Wurzeln sich in den neuen Boden hineinwurzeln konnten.

Es war auch die dienstliche Veränderung, die mir zu schaffen machte. Eine aufblühende Gemeinde hatte ich verlassen und war jetzt wieder ganz am Anfang. Es war ein unfreundlicher Ort, dieses Gefängnis. Mit den Männern hatte ich sehr bald gute Beziehungen. Aber insgesamt fühlte ich mich wie das neunte Rad am Wagen von einem Lkw mit Zwillingsreifen. Kein angenehmes Lebensgefühl. »In den letzten Tagen hatte ich das erste Mal den Gedanken: ›Ich schaffe es nicht‹ ... und: ›Wenn ich es nicht schaffe, was dann?‹ ... Das Ankommen und Reinkommen in die Gemeinschaft ...« (17. März 2005).

Ich empfand mich in dieser Zeit wie ein Fisch auf dem Trockenen. Nachts träumte ich dann auch einmal von solch einem Fisch und hatte ihn beim Aufwachen noch genau vor Augen. Nun, mein

Lebensthema war schon in der Prignitz gewesen: Hingabe. Das Wort aus Johannes 12,24: *Wenn das Weizenkorn nicht in die Erde fällt und erstirbt, bleibt es allein; wenn es aber erstirbt, bringt es viel Frucht,* hatte mich über Jahre begleitet. Das Weizenkorn in die Erde legen und sterben lassen, das hatte ich sehr bewusst bei meinem Abschied aus der Prignitz vollzogen. Das war am letzten Abend in meiner Wohnung dort mein Gebet gewesen. Jetzt, so hatte ich den Eindruck, ging es ums Beerdigen.

In mir zog eine klare Erinnerung an Andachten aus meiner Jugend auf. Der Karsamstag, dieser Tag zwischen Karfreitag und Ostersonntag, hatte eine besondere Botschaft. Ich fand die Notizen sehr schnell in meinen Aufzeichnungen von einer Osterrüstzeit im Julius-Schniewind-Haus:

»Jedem Jünger zu jeder Zeit wird ein Karsamstag bereitet. Etwas stirbt, wird weggenommen, was uns heilig und wichtig war – das Weizenkorn, das, was Gott uns als kostbares Gut anvertraut hat ... Die enttäuschten Jünger hatten Schwierigkeiten mit dem Karsamstag, wo überhaupt nichts Wahrnehmbares geschah. Wir stehen auf unserem Weg oft wie vor Gräbern: ›Was soll da noch hervorkommen?‹ Grab – im Grunde die Steigerung des Todes. Wir sollen reifen, vor Gräbern stehen bleiben zu können, an die Verheißungen zu glauben und Gott zu preisen.

Nicht das Vergangene balsamieren, um wenigstens etwas zu erhalten. Nicht nach Emmaus zum Nächsten eilen, sondern dort, wo nichts mehr hervorzusprießen scheint, verharren im Glauben und Lobpreis. Dort stehen bleiben, wo die Faktoren des Unmöglichen sich zusammenballen.«

Da fand ich mich wieder, an einem Grab, irgendwie wie an meinem eigenen Grab. An diesem Stillen Tag schrieb ich alles auf ein Blatt, was ich Gott wie ein Weizenkorn gegeben hatte, alles, was ich hatte sterben lassen, als ich nach Berlin kam, als ich anfing, im Gefängnis zu arbeiten und Postulantin in der Gemeinschaft zu sein. Es wurde eine lange Liste mit dem, was ich war, was ich tat und was ich hatte.

Ich liebe symbolische Handlungen, weil ich da spüre, wie etwas wirklich geschieht. So nahm ich dieses Blatt und zündete es an.

Einen Topf mit Wasser hatte ich bereitgestellt. Ich löschte die Flammen und hatte dann einen schwarzen Kloß in meiner Hand. Den legte ich in meine Gebetsecke, wo er mich in den kommenden Wochen immer wieder daran erinnerte: gestorben – begraben ... Das Weizenkorn liegt in der Erde ... Mir wurde leichter. Ich konnte fröhlich Ostern feiern. Ich wusste, es wird Neues werden.

Eines Nachts wachte ich auf und hatte das Empfinden, der Herr fragte mich: »Astrid, willst du dich nicht mit mir freuen, dass du jetzt mehr lieben kannst?« Mitten in allem, was mir schwer war, erlebte ich immer wieder die Gewissheit und Freude: Ich war an Orten, sowohl im Gefängnis als auch in der Gemeinschaft, wo ich den Herrn mehr lieben konnte. Darum ging es ja, das wollte ich doch zutiefst.

Zwischendrin erlebte ich die Freude gemeinschaftlichen Lebens, und wie schön es ist, wenn man sich nicht allein freuen muss. Ich empfand das Miteinander als Geschenk und ahnte, dass doch alles sehr gut werden würde. Das waren Lichtblicke in einer insgesamt umkämpften Zeit.

»Herr, was willst du?« – das wurde meine immer dringlicher werdende Frage. Schon oft hatte ich in Zeiten inneren Unfriedens erlebt, dass Gott sich wünschte, dass ich ihm etwas gab, dass ich losließ, sterben ließ. Aber jetzt? Noch etwas? Was noch?

Wieder nahm ich mir einen Abend Zeit und war bereit, ihm zu geben, was er wollte. »Auf die Frage ›Herr, was wünschst du dir von mir?‹ ist mir so, als ob ich ganz spontan sehr deutlich vernehme: ›Dass du mir vertraust.‹ Mir scheint, es geht nicht um große Hingabeaktionen, nicht noch einmal um ›Sterben und Beerdigen‹, sondern einfach ums Vertrauen« (12. Juli 2005). Wieder einmal ging es ums Vertrauen!

Und dann war mir so, als ob der Herr mir zu verstehen gäbe: »Was mir kostbar ist, das werde ich bewahren«, und er zeigte mir, dass er all das, was er in den vergangenen Jahren in mein Leben hineingelegt hatte, was er hatte wachsen lassen, dass er das bewahren und gebrauchen wollte.

Noch war davon nichts zu merken, noch erlebte ich mich wie »ausrangiert«. Ich kam mir vor, als säße ich auf der Ladefläche eines Lkws, obwohl ich früher einmal am Lenkrad gesessen hatte. Ich erkannte die Herausforderung, mich auf diesen Platz einzulassen, wo ich nicht steuern konnte. Ich erlebte mich wie ein Hirte ohne Schafe.

Es war ein Ringen, das zu buchstabieren, was ich schon oft gepredigt hatte: Nicht was ich tue, macht meine Identität aus, sondern was ich bin. »Das Sein ist mehr als das Tun«, das sagte sich so leicht, aber wenn man so gern viel *getan* hat ... plötzlich nur noch *sein*?

Ich wollte gern tiefer in meine Bestimmung hineinwachsen. Und das war mir klar geworden: Die Bestimmung, die der Herr mir gegeben hatte, war die, eine Liebende zu sein.

In meinem Ringen um den Weg in die Gemeinschaft hinein suchte ich immer wieder das Gespräch mit den Geschwistern, mit den Verantwortlichen. Es war nicht einfach, ganz sicher auch nicht für sie. Denn immerhin hatten sie schon andere Evangelische empfangen und aufgenommen, waren schon Ältere als ich in die Gemeinschaft hineingeboren worden. Es gab eigentlich keinen Grund, warum es nicht auch mit mir noch werden sollte.

Aber eigenartig, die Fremdheit nahm im Laufe der Zeit nicht ab, sondern zu. Das machte nachdenklich. Ich legte mich fest, vor Sommer 2007, dem Ablauf des Noviziats, das ich inzwischen begonnen hatte, keine Entscheidung für oder gegen die Gemeinschaft zu treffen. Doch kaum hatte ich mich dazu entschlossen, erlebte ich mich wieder »wie daneben«. Ich kam mir vor wie ein Fußballtrainer, der Volleyballspieler werden sollte. Beides sind schöne Ballsportarten, Mannschaftssport. Aber ich spürte: Was ich mitbrachte, wurde nicht gebraucht, was gebraucht wurde, hatte ich nicht.

In diesen Monaten arbeitete ich an dem Buch für Singles. Es war eine intensive, für mich sehr kostbare Zeit. Für eine Etappe der Arbeit hatte ich mich nach Castell zurückgezogen. Es war Januar. Ich wohnte direkt an den Weinbergen, die mich zu Spaziergängen einluden.

Beim ersten Anblick der Weinstöcke ging es wie ein Stich durch mein Herz. Genau so fühlte ich mich. Die großzügig gewachsenen

Weinstöcke, die sich in alle Richtungen ausbreiten, werden radikal beschnitten. Da bleiben nur ein, höchstens zwei Triebe stehen. So, ja genau so fühlte ich mich. Diese Weinstöcke waren für mich ein Bild von mir selbst.

An einem Vormittag kam einer der Arbeiter auf mich zu: »Wir haben noch eine Schere, wollen Sie mitmachen?« – »Oh, hoffentlich das nicht. Hoffentlich macht ›mein Weingärtner‹ es nicht so, dass er ›irgendjemandem‹ die Schere in die Hand gibt«, dachte ich und lehnte ab.

Jeden Tag ging ich jetzt in die Weinberge und hörte mit meinem Herzen die »Predigt« der Weinstöcke. *Ich bin der wahre Weinstock, und mein Vater der Weingärtner. Eine jede Rebe an mir, die keine Frucht bringt, wird er wegnehmen; und eine jede, die Frucht bringt, wird er reinigen, dass sie mehr Frucht bringe* (Johannes 15,1-2).

Mein Herz war tief bewegt und etwas in mir spürte: Es war alles gut ... Es würde alles gut ... Es ging um die Frucht.

Die Arbeit am Buch empfand ich als etwas Besonderes vom Herrn. »Mir kommt es vor, als ob er dabei (wieder) Leben und Leidenschaft in mich hineingeblasen hat. Und er hat ›die Liebe geweckt‹ ... Es gibt vier Kapitel und im letzten geht es um Perspektiven, um alternative Lebensformen für Singles, aber nicht nur für sie. Da geht es um meine tiefe Überzeugung, dass christliches Leben gemeinschaftliches Leben ist ... dass Gemeinde nicht gedacht ist als ein Ort für schöne Veranstaltungen, sondern dafür, Leben miteinander zu teilen. Und in dem Kapitel schreibe ich: ›Es muss etwas geben zwischen herkömmlicher Gemeinde und ordensähnlicher Gemeinschaft.‹ Es muss etwas dazwischen geben ...« (14. März 2006).

Während einer Tagung außerhalb von Berlin war ich an drei aufeinanderfolgenden Tagen weinend mit einem Traum von Chemin Neuf und mir aufgewacht. Das war ein Signal, das ich nicht übersehen wollte und durfte. Offensichtlich leistete meine Seele Schwerstarbeit und ich musste damit umgehen. Wieder suchte ich das Gespräch mit den Verantwortlichen der Gemeinschaft.

Und es gab für mich eine Überraschung: Der Gründer und Leiter der Gemeinschaft schlug mir vor, eine dreimonatige Auszeit von der Gemeinschaft zu nehmen, drei Monate Pause im Noviziat, um zu spüren, wohin ich gezogen würde. In den drei Monaten würde sich sicher zeigen, ob ich meinen Platz doch noch in der Gemeinschaft Chemin Neuf finden würde oder ob es für mich etwas Anderes geben könnte.

Das war aufregend! Und für mich war es in dieser Situation sehr befreiend. Zu viel war mir inzwischen begegnet, von dem ich merkte, dass ich es nur leben könnte, wenn der Herr ganz klare Signale gäbe. Wir alle erinnerten uns daran: Ich war zu Chemin Neuf mit dem Gedanken gekommen: »Das könnte es sein. Das könnte der Ort sein, an dem ich das leben kann, was Gott in mein Leben hineingelegt hat.« Es musste sich erst noch erweisen, ob das wirklich so war oder ob es für mich eben wirklich noch was Anderes gab.

Es gab vieles, was ich an der Gemeinschaft sehr schätzte: Ihre Leidenschaft für die Einheit der Christen, ihr Engagement für die Erneuerung in der katholischen Kirche, ihr Dienst der Evangelisation und ihre Fürsorge für geistliches Wachstum derer, die im Glauben neu anfingen, die Förderung der Gaben und Fähigkeiten der Einzelnen. Das waren und sind Schätze im Miteinander und im Dienst der Gemeinschaft Chemin Neuf. Und über und in allem ihre so klare Jesus-Zentriertheit. Das war es, was uns zutiefst verband und einte. Und es war etwas Besonderes, wie hier Menschen in den ganz verschiedenen Ständen zusammenlebten, zölibatär Lebende, Ehepaare, Familien und Singles, die sich über den Stand ihrer Zukunft noch nicht im Klaren waren. Sie lebten entweder als Lebensgemeinschaft in einer gemeinsamen Wohnung oder unter einem Dach in verschiedenen Wohnungen oder in sogenannter »Stadtviertelgemeinschaft«, immer nur einen Fußweg voneinander entfernt.

Aber es gab eben auch das Andere, was mir fremd war und blieb, war es doch immerhin eine katholische Gemeinschaft, in die ich als evangelische Pfarrerin hineinkam. Das war ein Aspekt meiner Fremdheit in der Gemeinschaft, den ich, anders als andere Evangelische, nie so ganz überwinden konnte. Ich merkte in dieser katholischen Gemeinschaft plötzlich, wie sehr ich evangelisch bin.

Und ich empfand, ich würde Gast bleiben, gern gesehener Gast, aber eben doch Gast.

Da ging es um das Amts- und Kirchenverständnis, um den Wert der Tradition, um die Institutionalisierung so vieler Vollzüge des Lebens und Glaubens, um die Frage des Gehorsams. Und nicht ganz zuletzt auch um die starke französische Prägung, die mir fremd war und blieb – nicht auf unangenehme Art und Weise. Nein, aber gerade Sprache ist für mich wie der Hammer für einen Bildhauer. Und damit nicht mehr arbeiten zu können, weil ich kein Französisch konnte, das schien mir nicht das zu sein, worauf es für mich ankam.

Ich hatte eine Zeit lang an manchen theologischen Fragen gearbeitet, dann aber gemerkt, dass das nicht die Ebene war, auf der eine Klärung geschehen würde. Nein, es ging um mehr als das. Konnte doch keiner von uns dem anderen das Prädikat »richtig« oder »falsch« geben. Es ging darum, den Ort des Lebens zu finden, den Ort, wo mehr Leben und mehr Liebe in mir wachsen konnten, wo mehr Frucht wurde.

Ich nahm die Auszeit von der Gemeinschaft und erlebte mich wie ein junges Pferd, dem die Koppel geöffnet worden war und das nun in die Weite der Felder und Wälder galoppierte. Es waren besondere Wochen, die noch durch etwas Anderes eine besondere Note erhielten: Es gab etwas Anderes, was in dieser Zeit begann.

Eine überraschende Entdeckung

Es war eine dienstliche Angelegenheit, die uns zusammenführte. Brigitte und ich hatten uns telefonisch verabredet mit einer konkreten Absicht, mit einem gemeinsamen Projekt. Es ging um Alpha-Kurse im Gefängnis. Heute sind wir amüsiert darüber, wie unwichtig das Projekt für uns war. Stattdessen nahmen wir uns viel Zeit, uns kennenzulernen. Wir verabredeten uns für ein nächstes Mal, und wieder ein nächstes Mal, zunächst einmal im Monat. Dann gab es einen ganz komischen »Zufall«. Ich schrieb in einer E-Mail: »Vom 5. bis 10. März bin ich in Heringsdorf/Usedom zu einer Tagung.« Kurz danach kam die Antwort: »Mein Mann und ich auch, wir machen Urlaub.« – Zur selben Zeit, am selben Ort, nur ein paar Häuser weiter ... Zufall? Wohl eher ein großes Geschenk!

Wir hatten Zeit, die wir miteinander verbringen konnten. Es war ein langer Abend, an den wir uns gern erinnern. Danach bekam ich eine SMS: »Ich kann mich nicht erinnern, wann ich das letzte Mal einen so tiefen Austausch hatte.«

Tiefer Austausch und die überraschende Entdeckung, wie viel wir miteinander teilen konnten, obwohl wir so verschieden waren. Wir hatten eine völlig unterschiedliche Herkunft und Prägung, waren völlig andere Wege gegangen, standen in völlig verschiedenen Situationen und Herausforderungen. Und doch war da so viel Gemeinsames.

Immer wieder denke ich: Was wäre, wenn wir uns nicht begegnet wären, uns nicht kennengelernt hätten ...? Für mich wäre es in Berlin eine sehr harte Landung gewesen ... Schließlich war ich wegen Chemin Neuf (oder doch nicht?) nach Berlin gekommen. Was wäre, wenn wir es nicht gewagt hätten, uns aufeinander zu zu bewegen? Wenn ich damals, nach so vielen Enttäuschungen und Schmerz, in verschiedenen Versuchen Beziehungen, Gemeinschaft zu leben, gedacht hätte: »Nie wieder!« Was hätte ich versäumt?!

Wir verbrachten viel Zeit miteinander und ich machte völlig neue Erfahrungen. Zum Beispiel wachte ich eines Nachts auf, merkte, dass ich Fieber hatte und starke Schmerzen, und wusste gar nicht, was ich machen sollte. Doch ich nahm das Telefon. Da war jemand, den ich anrufen konnte, auch mitten in der Nacht. Wie gut! Es gibt was Anderes als einsames Kämpfen in jeder Situation. Welch ein Geschenk!

Als ich mit den EmwAg-Tagungen begann, war Brigitte dabei. Sie war wahnsinnig gespannt auf die Singles. Aus ihrer seelsorgerlichen Tätigkeit kannte sie viele Singles, die mehr auf dem Bahnsteig lebten als im wirklichen Leben. Sie war überrascht, wen sie alles traf, und stieg voll mit ein.

Von Anfang an war also eine verheiratete Frau bei der Single-

Initiative dabei. Brigitte, kinderlose Ehefrau, spricht davon, dass sie sehr viele Gemeinsamkeiten mit Singles empfindet. Immerhin, sie hat einen Mann, hat damit vieles, was Singles sich wünschen, aber wenn Verheiratete mit Kindern oder später Enkeln zusammen sind, kann sie genauso wenig mitreden wie Singles. Dann stellen sich ihr die gleichen Fragen nach Wert und Zugehörigkeit. Sie ist in solchen Situationen irgendwie genauso außen vor wie wir. Und außerdem, Gemeinschaft, wie Gott sie gedacht hat, erschöpft sich nicht in der Familie.

Gemeinschaft – unmöglich?

Singles leiden oft tief und schwer an der Einsamkeit. Die Situation, für alles allein zuständig zu sein, alles allein entscheiden zu müssen, ist für viele eine latente Überforderung, die nicht selten in einen Burn-out führt. Die Heimatlosigkeit löst Wellen abgrundtiefer Traurigkeit aus. Viel Kraft geht im Kampf gegen die Einsamkeit verloren.

Viele wünschen sich Gemeinschaft, aber im Gespräch tut sich oft eine tief greifende Ambivalenz auf: »Ich wünsche mir Gemeinschaft – aber komm mir nicht zu nah.« Da sind viele Ängste im Spiel. Enttäuschungen, Verletzungen blockieren Neuanfänge. In manchem Leben ist eine Beziehungsunfähigkeit gewachsen, die nicht einfach beiseitegeschoben werden kann.

Andere erwarten alles von den anderen – eine gefährliche Voraussetzung für gemeinschaftliches Leben. »Wenn wir nicht wissen, dass wir die geliebten Töchter und Söhne Gottes sind, dann werden wir von der Gemeinschaft erwarten, dass jemand dort uns dieses Gefühl gibt ... Wenn wir wollen, dass andere Menschen uns geben, was nur Gott geben kann, dann werden wir zu einem Dämon.«[4] Der Weg in Gemeinschaft braucht Zeit, braucht gute Vorbereitung. Mein Herz braucht eine Weile, bis es wirklich glaubt,

---

4 Henri Nouwen – aus einer bearbeiteten und gekürzten Mitschrift eines Vortrags in den USA; AUFATMEN, Sonderheft Stille 2010, S. 30–34

dass ich geliebte Tochter, geliebter Sohn Gottes bin. Wer aufbricht, um diesen tiefen Frieden zu erleben und zu empfangen, sorgt für die eigene Seele. Hier erst tut sich die Freiheit auf, sich auf andere einzulassen.

Misstrauen zerstört die Beziehung zu Gott als liebendem Vater und macht Gemeinschaft unmöglich. Die Ursünde steht uns dann im Weg. Es braucht Zeit, die Wurzeln des Misstrauens gegen Gott und gegen Menschen im eigenen Herzen zu finden und auszureißen. Unsere Angst davor, von anderen abhängig zu sein, diese Frucht des Stolzes: »Ich will, ich kann allein!« – sie verhindert, dass wir wirklich zueinander finden. Es ist ein schmaler Weg, der einen Preis hat. Und wir werden niemals am Ende sein, aber wir werden wachsen. Es kommt darauf an, dass wir entdecken, worum es wirklich geht.

Es geht nicht darum, dass nun die anderen dafür sorgen, dass mein Leben leichter und schöner wird, sondern dass ich bereit werde, umzukehren und mein Leben hinzugeben ... Und dann wird es auch schöner. Ohne Umkehr, ohne Sterben wird es keine wirkliche Gemeinschaft geben.

Es braucht Zeit und deshalb wird es viele verschiedene Stationen, Etappen und Formen geben. Wir kommen von verschiedenen Orten und Gott hat verschiedene Absichten. Er ist nicht uniform und steckt uns nicht in Uniformen.

Mein Leben zwischen Knast und Zelle

Meine Pause in der Gemeinschaft Chemin Neuf mündete im Mai 2006 in die Entscheidung, das Noviziat abzubrechen. Es gab etwas Anderes für mich, ganz offensichtlich.

Bevor die Geschwister der Gemeinschaft für den Sommer in alle Welt zu den verschiedensten Diensten aufbrachen, hatten wir einen Gemeinschaftsabend, an dem wir den Abschied feierlich begingen. Es gab Eis, Geschenke und es wurde für mich gebetet. Wir trennten uns als Freunde. Wie gut!

In den letzten Monaten hatte Brigitte meinen Weg intensiv begleitet. Besonders vor der Pause hatte es Tage gegeben, an denen mir vieles sehr schwer gewesen war. Es hatte so viele Fragen und Kämpfe gegeben. Da war es gut, jemanden nah an der Seite zu haben, nicht allein kämpfen zu müssen. Doch immer wieder sagte ich auch: »Ich will nicht euer Pflegefall sein.« Wenn ein Ehepaar sich um einen Single kümmert, gibt es manchmal auch ein eigenartiges Gefälle.

Brigitte war für mich in dieser Zeit die Starke, mein Beistand, meine Hilfe. Wir hatten in diesen Monaten eng zueinander gefunden. Da war etwas Schönes gewachsen. Für mich ein großes Geschenk. Wie gut, dass ich vor Jahren nicht gesagt hatte: »Nie wieder!«

Ihr Mann Uwe fand das alles ganz in Ordnung. Zwischen ihm und mir gab es die klare Vereinbarung, dass er sich meldet, wenn es für ihn schwierig werden würde. Im Herbst 2007 fuhren wir zu dritt für eine Woche in den Urlaub. Es war rundum schön für uns.

Doch Anfang 2008 gerieten Brigitte und Uwe beruflich und persönlich in eine heftige Krise. Da kam einiges zusammen. Die Situation war sehr schwierig – und das über Monate. Einige Zeit später merkten wir, dass sich in dieser Zeit unsere Beziehung verändert hatte. Da war etwas ganz anders geworden. Diese Krise hatte wie ein Feuer gewirkt, in das Gott uns drei gelegt hatte und das uns zusammengeschmiedet hatte.

Wo vorher eine Freundschaft zwischen Brigitte und mir gewesen war, war jetzt eine Dreierschaft entstanden, die eine ganz andere Dynamik und Kraft in sich trug. In dieser Zeit wurde mir noch einmal mehr klar, warum es so gut ist, wenn wir bei EmwAg von »3+x« sprechen.

Eine Zweierschaft ist eine ganz andere Konstellation, hat viel mehr Exklusivität. Die beiden sind mehr aufeinander fixiert. Und was ist, wenn bei zwei Singles eine heiratet? Drei haben mehr Beweglichkeit, mehr Raum, mehr Offenheit auch für andere.

Und das Wichtigste wird in diesem Bild deutlich:

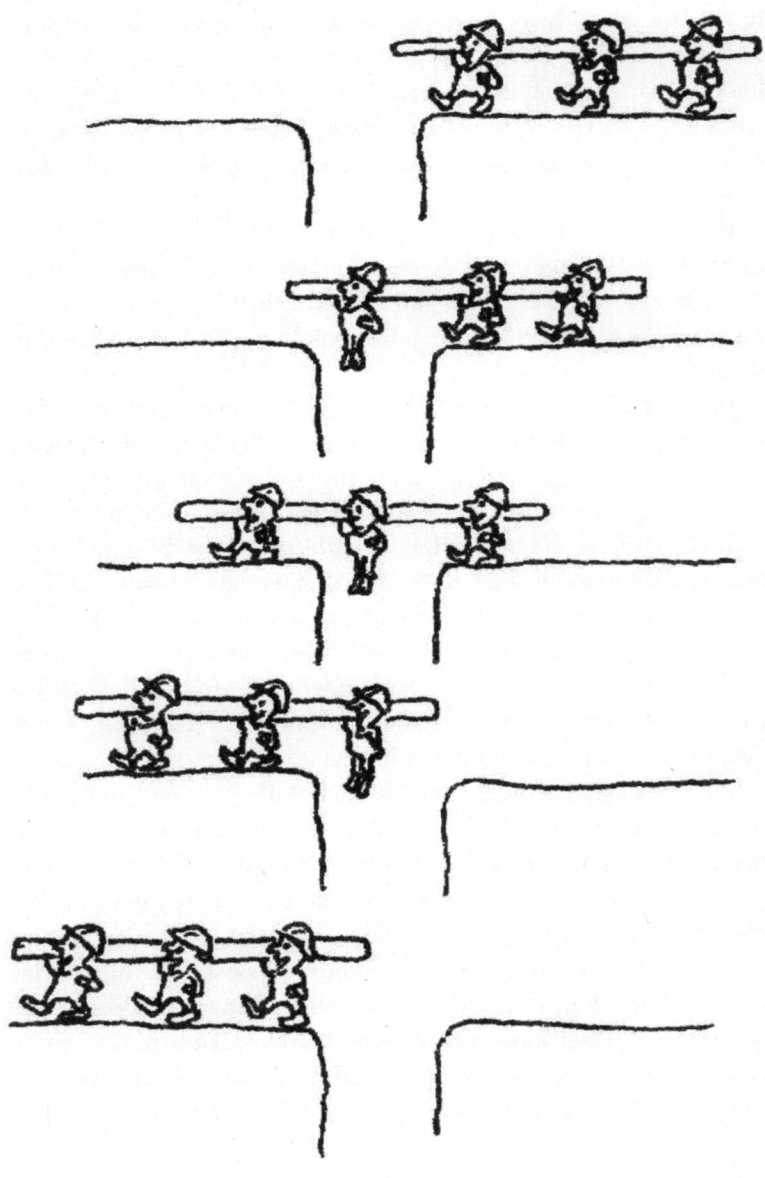

Als es bei Brigitte und Uwe richtig mühsam und schlimm war, fuhren wir gemeinsam zu ein paar Stillen Tagen in eine evangelische Kommunität. Dort machten wir fest, dass wir eine »Zelle« sein würden. Wir vereinbarten zunächst für ein Jahr, dass wir gemeinsam auf dem Weg bleiben wollten:

»Auf der Grundlage vom ›EmwAg-Dreieck‹ (Liebe – Gemeinschaft – Reich Gottes) und geleitet von Römer 12,1-2 verbinden wir uns zu einer gemeinschaftlichen Lebenszelle.
Wir vereinbaren zunächst konkret:
– Einmal in der Woche haben wir eine gemeinsame Zeit für Austausch und Gebet.
– Wir achten darauf, genug Zeit miteinander zu verbringen, damit zwischen uns etwas wachsen kann, was dem Leben dient (gemeinsame Freizeit, Urlaub, Stille Tage ...) Wir feiern gern ☺.
– Die konkret anstehenden Fragen der Zukunft wollen wir gemeinsam bewegen und eine Entscheidung suchen, die das gemeinschaftliche Leben ermöglicht und fördert.
– Wir teilen miteinander, was wir zum Leben haben.
– Wir fragen gemeinsam, was unser Miteinander fördert und wie wir es weiter gestalten können.«

So fing etwas Neues an. Unsere Zelle wuchs innerlich und äußerlich. Inzwischen sind wir vier. »Und es begab sich ...« Ulrike, die ich »zufällig« vor zehn Jahren bei einer christlichen Großveranstaltung kennengelernt hatte, lebte als Single weit weg von Berlin in Ostfriesland. »Da oben« fehlte ihr so ein Raum der verbindlichen Zugehörigkeit. Plötzlich war klar: Sie gehörte zu uns dazu. Wir konnten auch über 500 km miteinander in Beziehung stehen, einander Anteil geben an unserem Leben, vieles miteinander teilen und wachsam in die Zukunft schauen, was da noch möglich würde. Als wir nach einem Jahr eine neue Vereinbarung trafen, waren wir zu viert.

Seit Januar 2005 arbeitete ich ja als Pfarrerin auf einer halben Stelle im Gefängnis. Die Entscheidung, mein Dienstverhältnis auf 50 Prozent zu beschränken, ist mittlerweile fünfzehn Jahre alt.

Schon damals merkte ich, dass ich nicht voll im Pfarramt arbeiten und dann mit weiteren 50-100 Prozent andere Dienste übernehmen kann. Seit Jahren habe ich so das schöne Gefühl: Das meiste, was ich tue, tue ich freiwillig.

Nun habe ich das Glück, einen Beruf zu haben, wo ich auch bei einer halben Stelle noch genug zum Leben habe. Und trotzdem ist es ein Unterschied von 50 Prozent. Sicher nicht von ungefähr hat Gott schon in meiner Jugend das Wort Jesu an den reichen Jüngling in das Fundament meines geistlichen Lebens gelegt: *Geh hin, verkaufe alles, was du hast, und gib's den Armen, so wirst du einen Schatz im Himmel haben, und komm und folge mir nach!* (Markus 10,21).

Ich habe weniger, als ich haben könnte, aber bisher hatte ich immer genug, zumindest für das, was unbedingt nötig war. Und in meiner Zelle bekomme ich von den anderen ab. Wie gut für mich.

Bei meinem Dienst im Gefängnis habe ich sicher zu 95 Prozent mit atheistischen oder andersgläubigen Männern zu tun – bei EmwAg zu 95 Prozent mit christlichen Frauen. Ich kann mir nichts vorstellen, was weiter auseinanderliegt als diese beiden Lebensfelder. Es sind sehr verschiedene Welten. Dazwischen komme ich mir vor wie eine Kosmonautin. Ab 2011 soll sich das ändern. Wir gehen darauf zu, dass ich von meiner Landeskirche ab Januar 2011 für die Arbeit im Netzwerk von EmwAg freigestellt und vom Verein EmwAg e. V. als Bundesreferentin und Geschäftsführerin angestellt werde.[5]

Impulstage, Tagungen, Werkstatt-Tage, Kontakte übers ganze Land und in die Schweiz hinein, um das Netzwerk zu fördern, füllen meinen Kalender. Auch in Prag war ich schon, und *Es muss was Anderes geben* gibt es jetzt auch in Tschechisch. Es ist typisch für das Reich Gottes: Es *wächst*!

Das prägt mich sehr tief. Das Reich Gottes wird nicht gebaut, sondern verkündet, und dann wächst es. Jesus redet immer und immer wieder über Wachstum: *Das Himmelreich gleicht einem Senfkorn, das ein Mensch nahm und auf seinen Acker säte; das ist das kleinste*

---

5 Diese Entwicklung kann man auf www.emwag.de mitverfolgen.

unter allen Samenkörnern; wenn es aber gewachsen ist, so ist es größer als alle Kräuter und wird ein Baum, sodass die Vögel unter dem Himmel kommen und wohnen in seinen Zweigen (Matthäus 13,31-32).

Und was mich unsagbar froh macht: *Mit dem Reich Gottes ist es so, wie wenn ein Mensch Samen aufs Land wirft und schläft und aufsteht, Nacht und Tag; und der Same geht auf und wächst – er weiß nicht, wie. Denn von selbst bringt die Erde Frucht ...* (Markus 4,26.28).

Es braucht zwar einen Bauern, eine Bäuerin, aber das Eigentliche geschieht einfach so, ohne das Zutun von Menschen. Ich bin gern Bäuerin, und ich schaue, wie es wächst, das Netzwerk von Singles und Familien, die gemeinschaftliches Leben (wieder-)entdecken als den Herzschlag Gottes, die es wagen und aufbrechen in neues Land.

Es wurde nicht versprochen, dass es einfach ist. Aber es ist ganz sicher, dass es ein hoher Gewinn ist, wenn wir gemeinsam auf dem Weg sind und bleiben – und das eben nicht nur für ein paar Veranstaltungen, nicht nur, um über einen Text oder ein Thema zu reden, um ein Projekt voranzutreiben, sondern um Leben miteinander zu teilen und dann irgendwann auch immer mehr unseren Alltag.

Es braucht Zeit, aber es braucht auch einen mutigen und konkreten Anfang. Und wenn etwas misslingt, auseinanderbricht, wenn wir enttäuscht und verletzt werden – dann sollten wir auf keinen Fall aufhören und aufgeben, sondern aufstehen und aus dem, was wir in schwierigen Zeiten gelernt und empfangen haben, hohen Gewinn ziehen.

Da stehe ich immer wieder staunend vor meinem eigenen Leben und entdecke, wie aus viel Mühsamem und Schwerem Kostbarkeiten wurden. Was hatte ich jahrelang gebetet? *Ich lasse dich nicht, du segnest mich denn!* (1. Mose 32,27).

Und wie er mich gesegnet hat! Dieser Segen vervielfacht sich hoffentlich weiter in das Leben von vielen hinein.

Kapitel 2

Mit Singles und Familien unterwegs: unser Weg als Ehepaar

Thomas und Irene Widmer-Huber

> *Weil Gott den einzigen Grund unserer Gemeinschaft schon gelegt hat,*
> *weil Gott uns längst,*
> > *bevor wir in das gemeinsame Leben mit anderen Christen eintraten,*
> > *mit diesen zu einem Leibe zusammengeschlossen hat in Jesus Christus,*
> > *darum treten wir nicht als die Fordernden,*
> > *sondern als die Dankenden und Empfangenden*
> > *in das gemeinsame Leben mit anderen Christen ein.*
>
> Dietrich Bonhoeffer[6]

Gemeinschaftliches Leben: ein Thema mit Zukunft!

Seit zwanzig Jahren sind wir als Ehepaar mit Singles und Familien gemeinschaftlich unterwegs, in unterschiedlich großen Gemeinschaftsformen. Vor vierzehn Jahren kam unsere älteste Tochter dazu, später zwei weitere Kinder. Nach den Gesprächen mit vielen Personen, die unsere Vorträge und Seminare besuchten oder sich von uns beraten ließen, sind wir überzeugter denn je: Gemeinschaftliches Leben ist ein Thema mit Zukunft! Diese Aussage unterstreicht Astrid Eichler mit ihren Lebenserfahrungen und dem Aufbau einer wachsenden Bewegung unter Singles. Somit war es eigentlich nur eine Frage der Zeit, bis wir die EmwAg-Gründerin persönlich kennenlernten und begannen, mit ihr zusammenzuarbeiten. Wir haben den Eindruck, dass Gott uns

---

6 Dietrich Bonhoeffer, »Weil Gott den einzigen Grund unserer Gemeinschaft ...«, in: Gerhard L. Müller / Albrecht Schönherr (Hrsg.), Gemeinsames Leben / Das Gebetbuch der Bibel © 1993, Gütersloher Verlagshaus, Gütersloh, in der Verlagsgruppe Random House GmbH

miteinander in Verbindung gebracht hat und dass wir Themen aufnehmen, die für die Zukunft von Kirche und Gesellschaft relevant sind.

Vor einiger Zeit besuchte uns eine deutsche Pfarrerin, die in Afrika aufgewachsen und von unserer Gemeinschaft angetan war. Beim gemeinsamen Abwaschen fragte sie: »Lebt ihr eigentlich bewusst alternativ?« Beim Nachdenken wurde uns klar, dass der Begriff »alternativ« nur bedingt zutrifft. Alternativ betont das Anderssein. Ist Abgrenzung unsere Motivation? Es wurde uns neu bewusst, dass es vielmehr um die Schaffung von etwas grundlegend Neuem geht – inspiriert durch die Bibel. Bei der Gründung und Entwicklung von Gemeinschaftsformen geht es nicht darum, *alternativ* zu sein, sondern *innovativ* zu werden und als Gegenüber des Schöpfers selbst schöpferisch tätig zu werden.

In unserer Gesellschaft wie auch in christlichen Kreisen ist eine Individualisierung zu beobachten: Es gibt immer weniger Großfamilien und Haushalte mit Personen aus verschiedenen Generationen; die Zweipersonenhaushalte, Kleinfamilien mit ein oder zwei Kindern und insbesondere die Einpersonenhaushalte haben zugenommen. Gerade bei Menschen, die weniger gut integriert sind, führt die Isolierung zur Vereinsamung.

Parallel dazu gibt es einen anderen Trend: Immer mehr Christen ahnen, dass ein gemeinschaftlicher Lebensstil nicht für Klöster, Altersheime und Studenten-Wohngemeinschaften reserviert ist; auch nicht für Leute, die nur deshalb zusammenleben, weil sie Hilfe suchen. Inspiriert von den Berichten über das dynamische Leben der Urgemeinde und weiteren biblischen Texten machen sich immer mehr Menschen auf die Suche nach neuen Gemeinschaftsformen. Diese Bewegung will dieses Buch unterstützen. Dabei schließen wir uns dem bekannten Therapeuten Lawrence J. Crabb an, der schrieb: »Was unsere Gesellschaft am meisten braucht, sind Gemeinschaften – echte Gemeinschaften, wo Gott zu Hause ist.«[7]

---

7 Lawrence J. Crabb: »Was unsere Gesellschaft am meinsten braucht ...«, in: ders., Connecting – Das Heilungspotential der Gemeinschaft 2007 Brunnen Verlag, Basel

Im Folgenden geben wir einen Einblick in unsere Wegstationen und Einsichten aus den Jahren gemeinsamen Lebens.

Die ersten Anfänge

Eigentlich ist es doch gut, sich nach zwanzig Jahren gemeinsamen Lebens hinzusetzen und Rückschau zu halten. Wir sitzen hinter unserem Computer und beraten uns. Wie war es nur, damals, als wir jung verheiratet die ersten kleinen Schritte in eine Lebensform wagten, die uns heute prägt und begeistert? Letztlich gibt es einen roten Faden in unserem Leben – und er lässt sich so schön an zwei »Gs« nachzeichnen:

G wie Gott – und **G** wie Gemeinschaft. Wenn man es genau nimmt, begann doch alles mit diesem Gott ... Wir haben uns hingegeben, so gut wir konnten. Beide haben wir irgendwann gesagt: »Hier bin ich, nimm mich ganz.« Und aus dieser Hingabe wuchs die Hingabe an die Gemeinschaft. Vielleicht ist diese Reihenfolge maßgeblich dafür, dass wir heute sind, wo wir sind? Dass wir drangeblieben sind?

Trachtet zuerst nach dem Reich Gottes und seiner Gerechtigkeit, dann wird euch alles andere zufallen (Matthäus 6,33). Der Kontext des Verses ist sehr aufschlussreich: Sorge dich nicht. Sorge dich nicht ums Essen und Trinken – und vielleicht auch nicht um gemeinschaftliches Leben? Selbst das scheint uns ein kostbares Gut, das wir zwar prägen und gestalten, fördern und verhindern können – das letztlich aber doch Geschenk Gottes ist.

Das gemeinsame Leben fiel uns zu. Wir haben es nicht besonders gesucht, wir haben es nicht um jeden Preis gewollt, aber wir haben nach Gottes Wegweisung gefragt. Und er hat für uns gesorgt: Es war Gottes gute Fügung, dass wir im Jahr 1990 ganz am Anfang unserer Ehe vor einem Auslandsstudienaufenthalt in Indien bei Irenes Großmutter Unterschlupf fanden, im aargauischen Unterkulm, in der Gegend, wo wir auch aufgewachsen sind. Wir schätzten die gemeinsamen Mahlzeiten, ihre wache Anteilnahme und ihr ermutigendes Wohlwollen. Und wir holten sie aus ihrem doch eher einsamen Witwendasein, hatten mit ihr Tischgemeinschaft und sorgten für Abwechslung und Gesprächsthemen. Ein Geben und Nehmen eben, ein Gleichgewicht, das wir jedem menschlichen Miteinander wünschen.

Unser anschließender Indienaufenthalt ist uns wohl beiden unvergesslich geworden. Die Inder amüsierten sich köstlich über uns und fanden, wir hätten nun ein volles Jahr »Honeymoon«. So unrecht hatten sie nicht damit – für uns war es aber noch viel mehr. Wir lebten auf dem Gelände des theologischen Colleges mit seinem Fokus auf gemeinsamem Leben. Am Anfang haben wir nur so gestaunt und verstanden nach dem plötzlich ausgesprochen zielstrebig erscheinenden Schweizer Studentenleben die Welt nicht mehr. Wir hetzten zur Bibelstunde beim Dozenten, zu gemeinsamen Gebeten, Gottesdiensten, Mahlzeiten und Sportveranstaltungen. Und waren wir endlich wieder zu Hause hinter dem Studienmaterial, dann klopfte gewiss ein Student und wollte mit uns Tee trinken. Wirklich weit kamen wir mit unserem Pensum nicht, und so entwickelten wir eine Art Schlachtplan: Thomas wandte sich so gut wie möglich dem Studium zu und ich (Irene) kümmerte mich vermehrt um all das, was eben das Gebot der Stunde war. Ich kochte Tee, setzte mich zu den Studenten und entdeckte für mich ganz persönlich den Schatz, der Thomas vom Wohngemeinschaftsleben her schon vertraut war: die Lebendigkeit, die Tiefe, die Kraft – die Chance des gemeinschaftlichen Lebens.

»Trachtet zuerst nach dem Reich Gottes« – für uns hieß das, Veränderungen zuzulassen: Indien als »Entwicklungsland«, aber auch als entwickeltes Land, was die Gemeinschaft unter vielen Christen betraf – das konnte nicht spurlos an uns vorübergehen. Als wir nach einem Jahr in die Schweiz zurückkehrten, erlebten wir einen echten Kulturschock. Die schön gepflegten Gärten mit ihren frisch gestrichenen Zäunen und fein säuberlich geschnittenen Hecken als Sicht- und Eigentumsschutz gegenüber dem Nachbarn waren uns merkwürdig fremd geworden. Wir träumten von geteilten Häusern und Gärten, von geteilter Freude und geteiltem Leid, von verantwortungsvollem Umgang mit Besitz und den eigenen Kräften in einer Welt voller Armut und Not.

Wir waren im eigenen Land fremd geworden. Also mussten wir uns von Vertrautem verabschieden und ein Wagnis eingehen: das Wagnis, sich einzulassen auf das, was Gott uns als neue Sicht anvertraut hatte. Dies bedeutete, hohe Ideale und Ideen auf den Boden der Realität sinken zu lassen, beglückende indische Erfahrungen in einem Schweizer Kontext zu leben – und dies im Sinne von Epheser 4,16 nach dem Maß unserer Kraft, nach dem Maß unserer Prägung und unserer Persönlichkeiten. Wir waren keine Inder – und genauso keine »echten Schweizer« mehr. Wir waren jung, noch formbar und waghalsig genug, uns auf Neues einzulassen. Und Gott hat das gesehen.

Ein Haus für uns zwei – erste Erfahrungen mit Mitbewohnerinnen

»G« und »G«: Gott und Gemeinschaft, der rote Faden in unserem Leben. Schon meine (Thomas') Eltern öffneten ihr Haus, wir hatten oft Besuch von Freunden und Verwandten, auch von Mitgliedern eines Bibelkreises. Ich brauchte meine Rückzugsmöglichkeiten und las viel, war aber gerne mit anderen zusammen.

Mit meiner jüngeren Schwester und zwei jüngeren Brüdern ging ich in die Jungschar, wurde Leiter und organisierte viele Samstagnachmittage zusammen mit meinen Geschwistern. Ab und zu musizierten wir gemeinsam. Während meiner Studienzeit hatte ich in Riehen bei Basel ein Zimmer in einer Villa, in welcher noch ein anderer Theologiestudent wohnte. Wir kochten regelmäßig füreinander und genossen die Tischgemeinschaft. Beim Einzug schlug mein Mitbewohner vor, dass wir doch vor dem Zubettgehen jeweils zusammen beten könnten, er habe mit meinem Vorgänger gute Erfahrungen damit gemacht. Das war mir zu persönlich, das Tischgebet war für mich genug. Erst später realisierte ich, dass ich mit meinem »Nein« zum gemeinsamen WG-Gebet wohl manche Gebetserfahrungen verpasst habe. Jesus hätte auch mir zeigen wollen, dass er unter uns ist, wenn zwei oder drei in seinem Namen zusammen sind (vgl. Matthäus 18,20).

Nach unserer Zeit in Indien lebten wir zuerst ein halbes Jahr in einer Wohnung, dann zogen wir wegen Irenes Stelle als Gemeindediakonin der reformierten Kirche in Strengelbach in ein kleines ehemaliges Pfarrhaus. Die Aussicht, ein Haus mit Garten zu besorgen, behagte uns beim ersten Hinsehen gar nicht. Irene wollte sich lieber in Menschen investieren und die Alltagsarbeiten auf ein Minimum beschränken, Thomas möglichst schnell sein Theologiestudium abschließen. Zudem roch es doch zu sehr nach einem gutbürgerlichen Schweizer Leben, das uns nach unserem Indienaufenthalt so fremd geworden war. Aber zur Stelle gehörte nun einmal dieses Haus samt Garten, und es war uns bewusst, dass dies auch neue Möglichkeiten bot. Wir hatten genügend Zimmer, waren bereit, diese auch zu teilen, und offen dafür, jemanden mitleben zu lassen. Keine zwei Monate nach unserem Einzug rief eine frühere Schulkollegin von Irene an. Sie erzählte, sie sei ungewollt schwanger geworden und suche nun ein Zimmer, vorerst bis zur Geburt. Es war uns gleich klar, dass sie zu uns kommen konnte. Wir stellten ihr auf einem separaten Stockwerk zwei Zimmer zur Verfügung. Bad, Küche und Wohnzimmer hatten wir zusammen, die Putzarbeiten teilten wir uns auf. Im kommenden Neujahrsbrief schrieben wir: »Das Zusammenleben mit ihr ist für uns eine wertvolle, tief gehende Erfahrung, und wir sind glücklich, dass sie bei uns ist.«

Wir hatten gute Zeiten. Aber es stellte sich heraus, dass unsere Mitbewohnerin psychisch nicht stabil war, es gab Momente, die uns total überforderten. Gott sei Dank hatten wir im Dorf einen guten Draht zu einem Arzt, der uns in Krisensituationen beratend zur Seite stand! Er war für uns ein Engel – auch für unsere Mitbewohnerin, weil sie sich sonst eine andere Wohnmöglichkeit hätte suchen müssen. So blieb sie bis zur Geburt, gab ihren Sohn in Pflege und ging anschließend in ein christliches Therapiehaus.

Eine andere Mitbewohnerin lernte Irene im Rahmen ihrer Arbeit im Jugendtreff kennen. Sie war 19 und hielt es zu Hause nicht mehr aus, weil ihre Mutter Alkoholikerin war. Im Weihnachtsbrief dieses Jahres schrieb ich (Irene): »Sie und ihre Freunde sowie mein eigener Beruf haben Leben in unser Haus gebracht. Zu gewissen

Zeiten herrscht ein heiteres Kommen und Gehen, und ›böse Zungen‹ behaupten, unsere Haushaltung sei ein Flohzirkus.«

Einsichten von Bonhoeffer und ein volles Haus

Wie mit der früheren Mitbewohnerin lasen wir auch mit ihr das Kapitel »Gemeinschaft« im Buch *Gemeinsames Leben*, welches Dietrich Bonhoeffer vor dem Hintergrund des Zusammenlebens mit Theologiestudenten schrieb. So vernahmen wir: »Geistliche Liebe aber kommt von Jesus Christus her, sie dient ihm allein, sie weiß, dass sie keinen unmittelbaren Zugang zum anderen Menschen hat. Christus steht zwischen mir und dem anderen.«[8] Bei der gemeinsamen Lektüre ging uns mehr als ein Licht auf und Zitate wie oben wurden Schlüsseltexte für uns: »Christus steht zwischen mir und dem anderen.« Solche Beziehungen haben Luft zum Atmen. Ich erwarte kein Heil, keine Rettung, nicht einmal die Lösung meiner Probleme von meinem Gegenüber. Ich begreife, dass Jesus allein meine Heimat, mein Helfer, mein Retter, meine Kraftquelle bleibt – trotz oder gerade wegen der christlichen Gemeinschaft. Will christliche Gemeinschaft gelingen, weist sie über sich selber hinaus, sie ist nicht das Heil, sie ist nur Trägerin des Heils, sie ist nicht die Rettung, sie ist nur Gefäß des Retters, wo er gerne wohnt. Denn auch hier gilt: Wo zwei in Jesu Namen zusammen sind, ist er mitten unter ihnen (vgl. Matthäus 18,20).

Was wir damals mit unserer Mitbewohnerin in gemeinsamen Zeiten lasen und diskutierten, sollte uns in den vielen folgenden Jahren Wegweisung und Hilfe werden. Mit diesen Einsichten konnte Gemeinschaft gelingen.

Einmal lud unsere Mitbewohnerin über Pfingsten etwa zehn Freundinnen und Freunde ein. Das Haus platzte aus allen Nähten, »Highlife« bis tief in die Nacht, wir schliefen nicht viel in diesen Tagen. Wir spielten und musizierten mit den Jugendlichen, erklär-

---

8 Dietrich Bonhoeffer, *Gemeinsames Leben*, Chr. Kaiser Verlag München 1987, S. 30.

ten in einem kurzen Input, was es mit Pfingsten auf sich hat, und führten angeregte Gespräche über Gott und die Welt.

Die junge Frau half auch mit, als sich in unserer Stube am Sonntagabend regelmäßig Jugendliche zur »Pizza-Andacht« trafen: einer leckeren Pizza, einer Kurzandacht, einem üppigen Nachtisch, daneben war Zeit für ein Spiel, für Gespräche und Gebet. Unsere Mitbewohnerin hat Türen geöffnet und unseren jungen Gästen Gotteserfahrungen ermöglicht. Unser Haus war mittlerweile wirklich ein Geschenk Gottes geworden!

Nach Abschluss des Theologiestudiums von Thomas erlebten wir während des pfarramtlichen Praktikums Gottes Führung zur Mitarbeit bei der diakonisch tätigen »Offenen Tür«, deren Schwerpunkt damals in der Region Basel die Rehabilitation von drogensüchtigen Menschen war. Wir mussten umziehen. Wo und wie würden wir ab Sommer 1995 wohl wohnen? Das war die große Frage. Mit Freunden haben wir gebetet wie die Weltmeister, außerdem Aushänge in Gemeinden gemacht. In Thomas' Tagebuch klebt der Flyer dazu. *»WER möchte mit uns in Riehen zusammenwohnen? Wir haben bisher mit Wohngemeinschaften auf christlicher Basis wertvolle Erfahrungen gemacht. Ideal wäre die Miete eines Hauses oder einer großen Wohnung – oder von zwei Wohnungen im selben Haus.«*

Wir sagten uns: Wenn Gott will, dass wir weiterhin gemeinschaftlich leben, muss er uns das bestätigen – sonst suchen wir uns notfalls eine 4-Zimmer-Wohnung. Diese Alternative war aber eine wirkliche Schreckensvorstellung von mir (Irene): Aus dem bewegten und vielfältigen Gemeindediakoninnen-Leben in eine Stadtwohnung zu ziehen – weg von all meinen Bekannten und Freundinnen und zudem schwanger mit unserer ältesten Tochter – das löste bei mir alles andere als Begeisterung aus. Ich lag Gott in den Ohren: Es musste doch »was Anderes« geben, als mit einem Baby in einer engen Wohnung zu sitzen – und nur wegen meines Bedürfnisses nach Abwechslung wieder arbeiten zu gehen und das Kind in die Krippe zu geben, das wollte ich nicht.

Der himmlische Vater erhörte mich. Wir durften ein Geschenk des Himmels empfangen: Die Schwestern der Communität Steppenblüte waren bereit, uns bzw. dem Verein »Offene Tür« in Basel ihr Haus mit dreizehn Zimmern zu vermieten – es hatte sogar eine Hauskapelle! Wir staunten. Offensichtlich fand auch Gott, dass »was Anderes« zu uns passen würde. Vielleicht hat er sich sogar ein bisschen über mein Flehen nach dem, was ihm am Herzen liegt, gefreut? Er will uns doch mit Gemeinschaft beschenken!

Dietrich Bonhoeffer hat das einmal so schön geschrieben: »Christliche Bruderschaft ist nicht ein Ideal, das wir zu verwirklichen hätten, sondern es ist eine von Gott in Christus geschaffene Wirklichkeit, an der wir teilhaben dürfen.«[9] Unser Vater als Schöpfer aller Gemeinschaft, unser Gott, der als trinitarischer Gott in seinem Wesen Gemeinschaft *ist*, beschenkt uns gern mit dieser Wirklichkeit. Vielleicht liegt da das Geheimnis verborgen, wie gemeinschaftliches Leben gelingen kann. Wir müssen es nicht erzwingen, es ist von Gott so gedacht für unser Leben. Grundsätzlich steht es für uns bereit – wir können es boykottieren, mit Vorstellungen sabotieren, im schlimmsten Fall mit unserem Verhalten ruinieren. Jedenfalls sind wir ununterbrochen auf Gottes Gnade und Vergebung angewiesen, und dies war dann auch in unserem 13-Zimmer-Haus in Basels »Sorgenviertel« so!

Wohngemeinschaft und erste Stadterfahrungen

Wir lebten nicht nur in einem Stadtteil mit seinen besonderen Problemen, nein, wir wurden mutig und ließen nebst Studenten und Auszubildenden auch Menschen mit besonderen Vorgeschichten bei uns leben. Da teilten wir mit ehemals Drogensüchtigen oder Menschen mit psychischen Einschränkungen Küche, Wohnraum, Hof, Haus und Leben. Sie eröffneten uns neue Welten. Wir waren mit Lebensgeschichten konfrontiert, die uns nahegingen – und gleichzeitig mit *Gottes*geschichten, die uns ermutigten. Da gab es wandelnde Heils- und Heilungsgeschichten zum »Anfassen«.

---

9 Dietrich Bonhoeffer, *Gemeinsames Leben*, Ch. Kaiser Verlag München 1987, S. 26.

Manchmal wurde es auch ganz schön kompliziert. Wir lernten Konfliktverhalten kennen, die so gar nicht unserem eigenen entsprachen. Da war die Mitbewohnerin, die sich tagelang in ihr Zimmer zurückziehen konnte. Es war dann irgendwie »nicht gut« zwischen uns. Leider teilte sie uns oft nicht mit, was denn war, und wir fanden es äußerst unangenehm. Nun, wir lernten. Erstens begannen wir einzusehen, dass wir zu unserem eigenen Wohlbefinden solches Verhalten ansprechen wollten. Und zweitens entwickelten wir einen Grundsatz für das Zusammenleben, der bis heute gilt: »Wo nichts gesagt wird, *ist* nichts.« Das ist ein hoher Anspruch, aber ein heilsamer. Jeder offene oder latente Konflikt, jede Wut, die über einem Gemeinschaftsmitglied schwelt, muss über kurz oder lang angesprochen werden. Das fordert – und fördert. Das befreit aus dem Gefängnis der Oberflächlichkeit und ermöglicht echte Beziehungen. Manchmal brauchen wir Hilfe dazu – Dritte, die als Mediatoren vermitteln und reflektieren. Denn es gelingt nicht immer im direkten Gespräch, muss mühselig vor Gott errungen und mithilfe anderer erarbeitet sein, bis es jemand wagt, etwas zu thematisieren. Geduld und Liebe sind von allen gefordert. Und manchmal, so sagen wir, muss man auch »fünfe gerade sein« lassen, braucht es nichts anderes als ein Quäntchen Großherzigkeit und Humor, den andern zu nehmen, wie er eben ist. Denn wo die Liebe regiert und bedingungslose Annahme siegt, wird der Nährboden zur Veränderung gelegt.

Im Rückblick auf diese Jahre schrieb ich (Thomas): »Wir haben viel gelernt und betrachten es als Vorrecht, dass Gott uns auch Menschen in und mit schwierigen Lebenssituationen über den Weg schickte, damit wir darin reifen. Gott hat uns nie im Stich gelassen – und diejenigen, welche (uns) Mühe machten, sind uns immer wieder auch lieb geworden.«[10]

---

10 Thomas Widmer-Huber, *Gemeinschaftliches Leben mit Chancen*, Edition Ensemble Riehen 2003, S. 8.

Bewegen und bewegt werden: Singles und Familie vereint für das Wohnviertel

»Das ganz Spezielle ist, dass wir beim Zusammenleben geschliffen werden, zu Steinen, und hoffentlich auch zu schönen Steinen« – so hat es Irene einmal bei einem Seminar formuliert. Und dieser Schleifprozess hat Auswirkungen. Mark Fels, Gründer der Berner Lebensgemeinschaft Basivilla, bringt es auf den Punkt: »Im Zusammenleben werden alle von Gott individuell geformt und für den Dienst in seinem Reich zugerüstet.«

Wie wird christliche Gemeinschaft für die Gesellschaft relevant? Über diese Frage haben wir mehr als einmal gesprochen. Ist es wirklich sinnvoll, dass Christen für den Besuch des Hauskreises oder ihrer Gemeinde unter der Woche und am Sonntag mit dem Auto quer durch Stadt und Land fahren, von einer Veranstaltung zur anderen? Die Nachbarn sehen zwar den frommen Aufkleber auf dem Auto und das Gemeindezentrum oder die Kirche, aber sie sehen nicht, wie Christen leben und wie sie zusammen etwas bewegen. Beim Lesen der Berichte über die Urgemeinde hat Gott uns die Augen und nachher Türen geöffnet: In Rücksprache und mit dem Segen unseres Pfarrers Roger Rohner legten wir den Schwerpunkt des »Gemeindelebens« in unseren *Stadtteil*. In die Kirche gingen wir nur am Sonntag sowie zu Mitarbeitertreffen und für ausgewählte Seminare. Mit dieser Grundhaltung, den Fokus auf unser Wohnviertel zu legen, gelang es uns, Christen aus verschiedenen Gemeinden zum Gebet und Engagement für unseren Stadtteil zu bewegen. Das hat einiges ausgelöst, Gott gehört die Ehre dafür.

Wohngemeinschaft, Gebetstreffen, Hauskreis, Gründung des Kinderclubs: Eigentlich war diese Basler Zeit wirklich eine sehr reiche Zeit, in der sich viel bewegt hat. Vor allem und allen aber kamen auch unsere drei Kinder in diesen Jahren zur Welt. Wir hatten alle Hände voll zu tun. Vermutlich waren es manchmal auch für unsere Mitbewohner anstrengende Zeiten, wenn die Kleinen geweint haben oder quengelig waren. Doch viele haben im Rückblick gesagt, wie schön es war. Es gab so viel zum Lachen und Feiern – die ersten Schritte, die drolligen Ausdrücke, die verspielten Augenblicke voller Zuwendung und Zärtlichkeit. Gelegentlich gab es auch schwere Momente: Mitbewohner erinnerten sich an ihre eigene, auch schwierige Kindheit und wurden traurig über der Fürsorge und Annahme, die unsere Kleinen erfahren durften. Und später, eigentlich erst in Riehen, als die Kinder größer waren, wurde es manchmal auch knifflig in Erziehungsfragen. Die Optik eines Single-Sozialpädagogen und die Realität einer Familie mit Kleinkindern bissen sich manchmal, und es brauchte Toleranz; für die geschulten Single-Augen ein weites Herz für manch erzieherische Fragwürdigkeiten im Pragmatismus eines Familienalltags – für uns als Eltern einen liebevollen Umgang damit, dass es wohl manchmal schwer ist, eine Familiendynamik zu verstehen, wenn man keine eigenen Kinder hat.

Unterschiedliche Bedürfnisse von einer Familie und einem Single-Menschen wurden manchmal zu echten Hürden. Vereinzelt nagte die Eifersucht – dass unsere drei Sprösslinge einen einmaligen, unteilbaren Platz im Elternherzen haben, drückte schwer. Aber – das haben wir wirklich gelernt – all diese Fragen sind mit gutem Willen und gegenseitiger Kompromissbereitschaft lösbar. Und die Bereicherung, die eine solche Lebensform in sich birgt, ist vielfach größer als die Probleme, die es anzugehen gilt. Jedenfalls schrieb Irene im Familienbrief zum Neuen Jahr in jener Zeit: »Für mich ist es ein Privileg, gemeinsam leben zu dürfen, ein Gegenüber fürs Gespräch und fürs Gebet zu haben, zu tragen und getragen zu werden. Dort, wo Menschen ein »Ja« zu einer solchen Wohnform haben und sich auf die biblischen Wurzeln zurückbesinnen, scheint Gott seinen Segen hineinzulegen. Natürlich haben wir nicht immer eitel Freude, Sonnenschein – aber das Lernen, mit negativen Gefühlen umzugehen, die Aussprache, das Vergeben und das Neuanfangen und nicht zuletzt das Einüben, mit den Macken der anderen großzügig umzugehen, schaden ja nicht.«

Ich (Irene) führte ein reiches, ausgefülltes Leben. Einerseits waren da die Kinder – andererseits war ich mittendrin im Gebetstreffen für unseren Stadtteil, im Hauskreis und als Hauptleiterin im Kinderclub. Insbesondere Letzteres hatte eine lange Vorgeschichte, es war eine Frucht, tief verwurzelt im gemeinsamen Leben. Am Abend hatten wir uns jeweils in der Hauskapelle zum Gebet getroffen, oft mit einem Kind auf dem Arm, aber das störte ja nicht. Bei den gemeinsamen Mahlzeiten hatten wir Hausbewohner uns über unseren Stadtteil unterhalten. Es waren fruchtbare – und manchmal auch ein bisschen furchtbare Gespräche. Die Not, die wir uns vor Augen malten, drohte uns zu erdrücken. Da spielten Kinder auf der Straße, deren Mütter kaum für sich selber sorgen konnten. Es gab Drogen- und Alkoholsüchtige und Jugendliche, die bis tief in die Nacht an der Tramhaltestelle herumhingen. Dies alles in einem multikulturellen Kontext, viele waren kaum der deutschen Sprache mächtig.

Am Küchentisch und in der Hauskapelle erwachten das Feuer und die Liebe für die Menschen um uns herum. Als Gruppe fühlten wir uns stark genug, von Veränderungen zu träumen, und im Gebet erhielten wir Weisung und Führung, was zu tun sei. In der Hausgemeinschaft entwickelten sich die Kraft und der Mut, aktiv zu werden – und umso größer war die Freude, dass sich die Christen im Viertel nach vielen Gesprächen bei Kaffee und Kuchen zu regelmäßigen Gebetszeiten bewegen ließen. Zudem zog ein Ehepaar aus unserer Gemeinde vom beschaulichen Großbasel zu uns in den »Problemstadtteil« und wurde uns zur großen Stütze. Wir gründeten einen Hauskreis und wagten es sogar, einen regelrechten Bund miteinander zu schließen. Im Vertrauen auf das Wirken von Jesus Christus verpflichteten wir uns unter anderem zu regelmäßigen Treffen, zur gegenseitigen Annahme und Unterstützung, zu offenen, ehrlichen Beziehungen, in denen Konflikte angesprochen werden sollten, und zur Vertraulichkeit und Verschwiegenheit.

Bundesschluss, gemeinsames Leben und Engagement

So erhielt unsere Wohngemeinschaft eine bedeutende Verstärkung von außen und mithilfe der Stadtmission wagten wir den Schritt, eine Kinderarbeit aufzubauen. Wir gestalteten Freizeitprogramme mit christlichem Inhalt und wuchsen zu einer so stattlichen Gruppe heran, dass wir im Frühling jeweils Ferienfreizeiten für Daheimgebliebene organisierten. Im Rückblick sind wir überzeugt, dass das alles ohne die Gemeinschaft im Hause nie möglich geworden wäre. Wir waren eng verbunden und der Bundesschluss mit unseren Nachbarn wurde zu einem Schulterschluss, den wir in liebevoller Erinnerung haben. Wir unterstützten uns im Gebet, ermutigten uns im täglichen Miteinander und hielten uns ganz praktisch den Rücken frei.

Was wäre geworden, wenn ich (Irene) meine Rahel nicht jeweils in liebevollen Händen gewusst hätte während der Kinderstunde? Wenn unsere Haus-Großmutter uns nicht mit feinem Essen verwöhnt hätte? Wenn wir als Hausgemeinschaft die Kinderprogramme nicht ganz spontan beim Kaffee nach dem Essen hätten planen können? Die Kapazitäten jedes einzelnen Bewohners als Student, Arbeiter, Mutter etc. waren begrenzt. Aber in diesem gegenseitigen Miteinander wurde sehr viel möglich. Wir haben uns viele Sitzungen erspart, uns in allen Misserfolgen getröstet und ermutigt, das Schöne miteinander geteilt und uns daran gefreut. So ganz nach dem Motto: »Geteiltes Leid ist halbes Leid, geteilte Freude ist doppelte Freude.«

Diese Jahre waren auch für mich (Thomas) eine erfüllende Zeit. Im Beruflichen, bei der Begleitung von drogensüchtigen Menschen während der Entgiftung, erlebte ich ein »Auf und Ab«: das wunderbare Eingreifen Gottes wie auch extreme Tiefpunkte mit offenen Fragen. Die schwierigen Phasen während der Drogenarbeit konnte ich durch das Leben in Gemeinschaft und durch das Mitwirken in unserem Stadtteil innerlich besser bewältigen. Denn wenn ich müde und mit manchmal traurigen Geschichten nach Hause kam, erlebte ich in meinem anderen Lebensbereich, wie Gott ermutigend wirkte und Aufbau schenkte.[11]

Einige Jahre später wussten wir uns nach Riehen berufen und

---

11 Einen Rückblick auf unsere erfüllte Zeit in Basel habe ich in einer Broschüre festgehalten: Thomas Widmer-Huber: *Gemeinschaftliches Leben mit Chancen*, Edition Ensemble Riehen 2003.

hinterließen eine gut laufende Kinder- und Stadtarbeit, die von der Stadtmission übernommen und ausgebaut wurde. Mit Freude lesen wir bis heute die Jahresberichte einer gewachsenen Arbeit, die aus dem Gebetstreffen einer kleinen Gemeinschaft geboren wurde. Im Rückblick dürfen wir dankbar sagen, dass die Verheißung aus Psalm 133 wahr geworden ist: *Siehe, wie fein und wie lieblich ist's, wenn Brüder einträchtig beieinander wohnen! Denn dort verheißt der Herr den Segen und Leben bis in Ewigkeit* (Psalm 133,1.5).

Leben in zwei Häusern: Wie wird es wohl?

Im Herbst 1999 – nun mit drei Kindern – zogen wir nach Riehen ins Fischerhus, damit sich Thomas im Rahmen der Lebens- und Dienstgemeinschaft als Stellvertreter des Leiters Christoph Meister in die Drogentherapie unter Männern einbringen konnte. Aber zwei Monate nach dem Umzug wurde klar, dass diese Arbeit wegen mangelnder Nachfrage zu Ende gehen würde. Das war ein Hammer! Da fragte uns Raymond Dutoit, der Präsident der »Offenen Tür«, ob wir im Fischerhus eine neue Gemeinschaft aufbauen wollten. Wir hätten ja Erfahrung.

Diese Herausforderung haben wir angepackt, von heute auf morgen waren wir für zwei Häuser zuständig. Wir gingen betend durch das Haus, auch mit der Frage, ob es möglich sein könnte, ähnlich wie in der Wohngemeinschaft in Basel zu leben, jedoch auf zwei Häuser verteilt, mit einer eigenen Wohnung für uns als Familie. Mit Unterstützung des Vereins »Offene Tür« krempelten wir die Ärmel hoch und begannen, das Heim in eine diakonische Hausgemeinschaft zu verwandeln, »Ensemble« genannt. In der Startphase waren eine 73-jährige Frau dabei, zwei Männer in der Nachsorge nach ihrer Drogentherapie und ein Zivildienstleistender.

Einige Jahre später habe ich (Thomas) über diese Zeit geschrieben: »Unser Anliegen war, im Fischerhus mit seinen elf Zimmern und Gemeinschaftsräumen und mit fünf unterschiedlich großen Wohnungen im Hinterhaus eine tragfähige, Generationen verbindende, überkonfessionelle Gemeinschaft zu gründen, in welche einzelne Personen mit Schwierigkeiten integriert und in ihrem Heilungsprozess gefördert werden können ... Die Grundfrage lag auf der Hand: Würden wir genügend ›stabile‹ Christen finden, die mit uns zusammenleben wollten? Oder meldeten sich ›nur‹ Menschen, die Unterstützung suchten?« Wir beteten mit Freunden und gründeten eine kleine Gebetsgruppe.

Wir waren gespannt – und erlebten, wie sie kamen, eine Person nach der anderen. Es gab später auch Zeiten, in welchen wir länger beten mussten und auf dem Stockwerk der Männer ein Zimmer einige Monate frei hielten, bis sich ein tragfähiger Mann meldete, der mitleben wollte. Die kleine Gebetsgruppe für unsere Gemeinschaft und für die Förderung des gemeinschaftlichen Lebens trifft sich noch heute wöchentlich. Denn wir wollten und wollen nicht zu denen gehören, die erleben, was Jakobus schreibt: *Ihr habt nichts, weil ihr nicht bittet* (Jakobus 4,2). Gleichzeitig war und ist uns bewusst, dass Gott weiß, was für sein Reich gut ist. Wir geben unsere Bitten jeweils am Ende zurück in seine Hände und danken zu Beginn der Gebetszeit für all das Gute, das er schenkt.

Seit fünfzehn Jahren gab es im Fischerhus am Freitagabend einen Hausgottesdienst, an welchem auch Personen aus dem Umfeld der »Offenen Tür« teilnahmen. Diesen führten wir weiter, unterstützt von drei Ehepaaren aus unserem Umfeld. Denn wir hatten uns gesagt: Auch wenn sich alles verändert im Fischerhus: Die Anbetung Gottes soll weitergehen! Als Bestätigung sandte uns Gott umgehend eine Mitbewohnerin, die Klavier spielte. Auch später wurden wir immer wieder mit begnadeten Musikerinnen und Musikern beschenkt, auch in den anderen Hausgemeinschaften, die in den folgenden Jahren entstanden. Dabei erlebten wir bei unseren Hausgottesdiensten immer wieder zeichenhaft, dass Gott sich offensichtlich freut, wenn wir ihn anbeten.

Besonders eindrücklich war es, als wir einmal in der vollen Dorfkirche Riehen bei einem Gottesdienst mit Christen aus den Allianz-Gemeinden die Anbetungszeit leiten durften. Es war ein bewölkter Tag, aber genau bei der Strophe, wo es bei dem alten Lied »Gott ist gegenwärtig« um die Sonne geht, wurde es plötzlich ganz hell in der Kirche. Die Sonne brach durch die Wolken hindurch, erhellte während der Strophe den Raum und verschwand wieder. Ein Raunen ging durch die Menge. Es war ein heiliger Moment. Gott hatte auf seine Art gezeigt, dass er sich freut, wenn Menschen ihn loben.

Inspiration für die Aufbauphase empfingen wir durch Gespräche mit Leitungspersonen bei der FCJG in Lüdenscheid, beim Wörnersberger Anker, bei den Hausgemeinschaften der Jesus Fellowship in England, bei der Offensive Junger Christen in Reichelsheim und bei der Jesus-Bruderschaft Gnadenthal. Ermutigend waren und sind die Beratung und Lehrpredigten von Pfarrer Jens Kaldewey, der ebenfalls in Riehen wohnt. Vertieft auseinandergesetzt haben wir uns auch mit dem Buch *Häuser, die die Welt verändern* von Wolfgang Simson. Er schreibt: »Weil die Erlösten nicht mehr sich selbst gehören, nehmen sie konsequenterweise einen gemeinschaftlichen Lebensstil an; sie leben nicht länger in einer privaten und individualistischen Welt.«[12] Auch wenn wir keine Hauskirche, sondern eine überkonfessionelle Gemeinschaft im Blick hatten, wollten wir ein Haus werden, welches aufgrund von Gottes Wirken in den Bereichen Anbetung, Heilung und Diakonie in der Welt Veränderungen auslöst.

Bestätigung für unseren Weg erhielten wir auch beim Lesen der Biografie von Nikolaus Ludwig Graf von Zinzendorf (1700–1760). Wenig später fuhr ich (Thomas) zur Vereinsgründung »Freundeskreis Zinzendorfschloss Berthelsdorf« in die sächsische Oberlausitz und begann, mich näher mit Zinzendorf und Herrnhut zu beschäftigen. Dabei las ich, dass dort in den Anfängen junge Männer in Lebens- und Wohngemeinschaften lebten, später auch junge Frauen. Unter der Leitung der vierzehnjährigen Anne Nitschmann schlossen sich diese im Jahr 1730 zu einem »Bund völliger Hingabe an Christus« zusammen und bezogen drei Jahre später ein eigenes Haus. Die Hingabe an Jesus Christus und das gemeinschaftliche Leben bildeten offenbar den Ausgangspunkt der geist-

---

12 Wolfgang Simson: *Häuser, die die Welt verändern*, C&P Verlag Emmelsbüll 1999, S. 104.

lichen, diakonischen und missionarischen Kraft der Herrnhuter. Solche Entdeckungen waren uns Bestätigung und ermutigten zum Weitermachen.

Der Aufbau der neuen Gemeinschaft kostete uns viel Energie und Nerven. Kaffeepausen nach dem Mittagessen wurden zu Sitzungen. Ein seither »geflügeltes Wort« lautet: »Was meinst du, Irene?« Einem Freund schrieb Thomas damals: »Ich nehme die Herausforderungen und zum Teil schwierigen Entscheidungen manchmal zu ernst und mache mir Sorgen. So hatte ich in den letzten Tagen schon das dritte Mal innerhalb eines halben Jahres eine Art ›Hautaustrocknung‹ an zwei bis drei Stellen und als Reaktion war ich sehr angespannt. Da hat vor allem Irene darunter zu leiden: Seufz! Sie hat dies alles andere als verdient. Ich habe gestern am nationalen Buß- und Bettag existenziell Buße getan.«

Für mich (Irene) hatte sich mit dem Umzug und insbesondere mit dem Wechsel von der Männertherapiearbeit in eine gemischte Wohnform doch noch manches zum Guten gewendet. Denn der Wegzug aus dem geliebten Kleinbasel in ein Drogentherapiehaus für Männer war für mich ein Opfer gewesen. »Wie kann ich als Frau diesen Männern zur Seite stehen? Wie wird das wohl?«, habe ich mich mehr als einmal gefragt. Aber kaum waren wir in Riehen, lief diese Arbeit aus und ich konnte den Aufbau eines neuen Wohnmodells mitprägen, in welchem auch Frauen mitleben konnten. Ich habe den Eindruck, dass Gott meine Bereitschaft, mich in unbekanntes Land aufzumachen, belohnt hat. Und auch für unsere Kinder war es toll, mit der 73-jährigen Lisbeth eine »Großmutter« im Haus zu haben. Sie konnte so gut biblische Geschichten erzählen und hatte einen großen Vorrat an Gummibären und Orangensaft. Mehrere Jahre hat sie sich in den Aufbau der Gemeinschaft investiert: in Gebet und Hausgottesdienst wie in praktische Dinge. Gleichzeitig war sie froh, wegen ihrer gesundheitlichen Schwierigkeiten bei Bedarf Unterstützung zu erhalten – ein Generationen verbindendes Geben und Nehmen. Zudem hatten wir zum ersten Mal in unserer Ehe, abgesehen von unseren wenigen Monaten in Indien, wieder eine vollkommen in sich geschlossene Wohnung.

Von Grenzen und Wohnungstüren und schwierigen Zeiten einer Aufbauphase

Wo wir noch im Kleinbasel einfach ein Stockwerk für uns in Anspruch nahmen, Küche und Wohnzimmer aber mit allen teilten, hatten wir jetzt alles, was man unter einer »Wohnung« versteht. Mit der speziellen Situation unserer Kinder, die in ihren Bedürfnissen immer mehr Raum in Anspruch nahmen, war das sicher von Vorteil. Und jetzt mit Teenagern könnten wir uns nichts anderes mehr vorstellen. Jede Form hat ihre Zeit. Der Inhalt, nämlich die Gewissheit, dass eine gemeinschaftliche Lebensform eine Absicht Gottes für die Menschen ist und eine Segensquelle sein kann, überdauert. Die äußere Form, die dicke Wohnungstüre, an die man im Notfall einen Zettel »Bitte nur in dringenden Fällen stören« hängen kann, hilft sicher rein äußerlich, sich vor manchem zu schützen und abzugrenzen.

Und trotzdem: Wer im gemeinschaftlichen Leben nicht lernt, sich innerlich in seinen schützenden Grenzen zu bewegen, wem es nicht gelingt, sich vor falschen Verantwortungen zu hüten und schnell in eine Rolle verfällt, die ihn überfordert oder ihm nicht guttut, ist auch mit dicker Wohnungstüre nicht vor allem gefeit. Die Gabe, sich in gesunder Nähe und Distanz zum Mitmenschen zu bewegen, ist oft Frucht intensiver Selbsterkenntnis, von Arbeit und Gebet. Insbesondere in der betenden Haltung gegenüber meinen Mitmenschen darf es gelingen, dass sich Jesus selbst der Beziehung annimmt, sich in Liebe zwischen uns Menschen stellt und durch die Hinwendung zu ihm wieder Weite und klare Sicht in konfliktbeladene Beziehungen einkehren.

Und Konflikte hatten wir in dieser Aufbauphase reichlich – es war manchmal ganz schön anstrengend. Da war unsere Seite in der Geschichte – wir waren ziemlich überlastet mit allen möglichen Arbeiten, und Stress ist bekanntlich ein wundervoller Nährboden für Missverständnisse und unglückliche Reaktionen. Und gewiss gab es da auch die andere Seite: Unsere letzten Mitbewohner aus der Drogentherapiezeit taten sich schwer mit dem Wechsel von der geschützten Therapieatmosphäre zu einer Wohnform, wo

Selbstverantwortung zum großen Stichwort wurde. Manchmal waren sie unzufrieden, vermissten manche Annehmlichkeit von früher und kamen mit den Unsicherheiten, die eine Aufbauphase mit sich bringt, nicht gut zurecht. So war es ein Gebot der Stunde, krisentaugliche Strategien für Konfliktzeiten zu entwickeln.

Ich (Irene) versuchte, in schwierigen Momenten mein Gegenüber zu segnen und meinen Ärger bei Gott abzuladen. Sobald meine Kinder etwas größer waren, tat ich das mit Vorliebe draußen in der Natur beim Joggen. Das ist bis heute so geblieben. Der Rückzug in meine Wohnung bewährt sich in solchen Situationen nicht besonders, da ich ihn kaum konstruktiv nutzen kann. Da meldet sich dann die destruktive Seite des Rückzugs: Ich stecke meinen Kopf in den Sand und schmolle, ziehe mich in mich selber zurück und fühle mich als ärmsten Wurm der Welt. Das kann dann darin enden, dass es noch beim Einschlafen in mir weiterarbeitet und mir meinen wohlverdienten Schlaf raubt – und das, finde ich, kann es ja nicht sein. Spätestens dann kriegt mein Gegenüber, von dem ich mich verletzen ließ, eine Macht als Schlafdieb, die ich ihm nicht geben will. Beim Joggen hingegen werde ich aktiv, setze mich in Bewegung, konfrontiere mich mit dem Problem – und, o Wunder, mit der Zeit kriege ich mein Herz und meinen Kopf wieder frei, um klar zu denken und nach möglichen Lösungen suchen zu können. Ich renne mir meine Wut aus dem Bauch, jammere Gott die Ohren voll und laufe dem Selbstmitleid davon.

Irgendwann, in meiner Ausbildung, habe ich auch neurobiologisch begriffen, was da eigentlich bei mir abläuft. Die Bewegung beim Joggen, das abwechselnde »rechter Fuß – linker Fuß« gibt meinem Gehirn Impulse, bringt Bewegung in meine Frustration, die sich festsetzen und erstarren will. Ich könnte also auch trommeln, walken, tanzen gehen – ich bin beim einfachen Joggen geblieben. So kriege ich meine Hirnzellen wieder flott – und bekomme Raum, auf meinen Gott zu hören. Die Textstelle in Römer 12,9-15 ist mir eine große Hilfe dabei. Mitten in die Anweisungen, wie wir eine Beziehung gestalten könnten, schiebt sich der elfte Vers ein: *Seid nicht träge in dem, was ihr tun sollt. Seid brennend im Geist. Dient dem Herrn.*

Unser Miteinander weist immer über uns hinaus, führt zu Jesus, vertieft unsere Gottesbeziehung, klammert sich nicht fest am Menschen, sondern an Jesus selbst, erwartet nicht das Letzte vom Freund, sondern von Jesus, kann sich desillusionieren, enttäuschen lassen – weil Jesus trägt und ihm all unsere Hingabe gehört. Zuerst er, dann die Gemeinschaft. Wir haben damit in unserem Gemeinschaftsleben gute Erfahrungen gemacht – mit und ohne dicke Wohnungstüren. Und so auch unsere etwas stürmischen Anfangsphasen in unserem neuen Haus und Projekt ohne große Schäden und in ungebrochener Freude an der Gemeinschaft überstanden. In dieser ganzen Zeit ist uns das Abendmahl lieb geworden. Wir feiern es auch heute noch jeweils am Freitag im Rahmen des Abendessens an einem festlich geschmückten Tisch. Das Miteinander wird auch bei anderen Gelegenheiten bereichert durch geistliche Beiträge im Rahmen der Tischgemeinschaft.

Wiederkehrend

Wiederkehrend bewegen wir immer dieselben Fragen
und es scheint mir, wir reden über das Aller-Alltägliche.
Wiederkehrend.
Ringen wir um Prioritäten und Verantwortung,
um Wertschätzung, Zuverlässigkeit und Nächstenliebe.
Wiederkehrend packen uns verzweifelte Sekunden,
kreuzen sich wütende Blicke, rutschen Seufzer über müde Lippen.
Wiederkehrend fragen wir uns, ob gewisse Themen
wirklich nie zum allerletzten Male besprochen werden.
Wiederkehrend investieren wir Stunden
in die kleinen Sorgen einer kleinen Gemeinschaft.

Oder verbergen sich dahinter
die großen Fragen einer großen Welt?
Fragen nach Sinn und Liebe, Annahme und Vergebung,
Schuld und Sühne?

Wiederkehrend.
Feiern wir die Feste der Kirche,
Weihnachten – Karfreitag – Ostern.

Wiederkehrend.
Müssen wir sie hören, immer dieselbe Botschaft der Liebe,
der Erlösung und des ewigen Lebens.

Drehen wir uns im Kreis?
Wiederkehrend?

Leise drehen wir uns nach oben, Drehung um Drehung,
höher und höher, tiefer und tiefer,
ins Leben.
Was du tust nach Gottes Willen, ist nicht vergebens.

Irene Widmer-Huber

Wenn Gott neue Räume erschließt: Erkenntnisse in der Gründungsphase

Gründungsphasen sind inspirierend, führen zu neuen Erkenntnissen, bringen uns weiter – geistlich, theologisch, in unserer Erkenntnis über Gott und die Welt. Das war jedenfalls in jener Zeit unsere prägende Erfahrung. Wir waren mit wachen Augen unterwegs – für das Neue, für Gott, aber auch in unseren Beobachtungen, was um uns herum in der Gesellschaft geschah.

Unser Land zu jener Zeit drohte und droht je länger je mehr in Gruppen und Grüppchen auseinanderzufallen. Von den alten Dorfgemeinschaften ist zunehmend weniger zu spüren, insbesondere in den Städten vereinsamen die Menschen. Die Singles haben ihr Apartment, die Familien eine etwas größere Familienwohnung, die Alten leben oft allein oder in einem Heim, die Kranken auf der Pflegestation, die Behinderten in entsprechenden Einrichtungen, die Süchtigen im Drogenhaus ... Die Liste ließe sich beliebig fortsetzen, im praktischen Alltag haben die verschiedenen Menschengruppen herzlich wenig miteinander zu tun. »Kann das alles sein?« Das war *die* Frage, die wir wälzten. Wir konnten der Situation und den professionell laufenden Institutionen zwar viel Gutes abringen – die Versorgung der Betroffenen ist oft optimal und viele Menschen sind auf Heime angewiesen –, aber war das die ganze »Wahrheit«? Waren wir als Leib Christi hier nicht ganz neu gefordert? Konnte es wirklich wahr sein, dass wir im beschaulichen Einfamilienhaus als bekennende Christen kaum mehr etwas mit den sogenannten Randgruppen der Gesellschaft zu tun hatten?

Man kann es »Zufall« nennen, dass wir genau zu dieser Zeit auf alte Texte aus Irenes Ausbildung stießen und es zu jener unvergesslichen Szene kam, über die wir bis heute lachen. Eigentlich war es schon spät, wir standen im Badezimmer und putzten die Zähne, und ich (Irene) las vorerst ganz für mich allein Texte zweier zeitgenössischer Theologen: von Jürgen Moltmann, dem großen deutschen Theologen, und Ernst Sieber, »unserem« Schweizer Obdachlosenpfarrer. Die Texte waren packend und wie für unsere Lebenssituation geschrieben. Und so lasen wir gemeinsam – die Zahnbürste in der einen, die Artikel in der anderen Hand: »Erst der Aufbau von Lebensgemeinschaften zwischen Behinderten und Nichtbehinderten, Gesunden und Kranken, Jungen und Alten, Männern und Frauen kann die soziale Isolation der gegenwärtigen Segregationsgesellschaft überwinden.«[13] (Segregation: Absonderung, Trennung; Anmerkung der Autoren)

Und die zweite, genauso wichtige Grundaussage fanden wir beim wohl bekanntesten Schweizer Pfarrer, bei Ernst Sieber: Es könne doch nicht sein, dass die einen in irgendwelchen sozialen Einrichtungen betreut werden von Mitarbeitern, die viel zu geben haben, aber kaum etwas nehmen dürfen. In seinen Worten: »Für die Diakonie gibt es keine Starken und Schwachen, denn

---

13 Jürgen Moltmann, *Diakonie im Horizont des Reiches Gottes: Schritte zum Diakonentum aller Gläubigen*, Neukirchener Verlag Neukirchen-Vluyn 1989 (1984), S. 20.

die Gebenden sind ebenso Bittende, wie die Bittenden Gebende sind.«[14]

Diese und ähnliche Sätze sprachen uns aus den Herzen und schlugen deshalb ein wie eine Bombe. In diesen Worten fand das, was wir aufbauen wollten, auch seine geschriebene und theologische Ausdrucksform. Das, was wir bisher mehr oder weniger automatisch gemacht hatten, fanden wir hier nun schwarz auf weiß: Ein integratives Wohnmodell musste es werden – eine Wohngemeinschaft von Menschen, die einander tragen: Menschen, die zu den »Starken« gehören, zusammen mit Menschen, die eine Wohnbegleitung brauchen, und das in einem Miteinander, wo diese Unterschiede nicht die prägende Rolle spielen, sondern alle ihr Bestes geben und jeder empfangen kann.

Wir wollten eine solche Gemeinschaft gründen – in Ergänzung zu ähnlichen Wohnheimen und für Menschen, die sich zum gemeinschaftlichen Leben gerufen wussten, ihr Leben und ihre Ressourcen mit andern teilen wollten. Es war uns bewusst, dass wir genau das am Giessliweg in Basel ja schon gelebt hatten. So glaubten wir, dass es möglich war, wir hatten die Erfahrungen – und das Vertrauen auf einen guten Gott, dass es doch nochmals gelingen möge. Mit dem Motto »So wie am Giessliweg« machten wir uns an die praktische Umsetzung: Konzepte schreiben, Leitlinien ausdenken, Haus aufräumen, Menschen aufnehmen. Mittlerweile dürfen wir auf zehn Jahre in diesem größeren Rahmen zurückschauen. Das Konzept ließ sich in die Praxis umsetzen, der Traum im Badezimmer wurde Wirklichkeit. Wir haben unsere Erfahrungen gesammelt, Hochs und Tiefs erlebt, von denen wir gerne noch etwas berichten.

Grundsätzlich wurde uns ein Zitat von Dietrich Bonhoeffer wichtig, das nicht nur für die Form von Gemeinschaft gilt, wie wir sie gewählt haben, sondern uns allgemein gültig scheint: »Das einzig fruchtbare Verhältnis zu den Menschen – gerade zu den Schwachen – ist Liebe, d. h. der Wille, mit ihnen Gemeinschaft

---

14 Ernst Sieber, *Menschenware – wahre Menschen*, Zytglogge-Verlag Bern 1987, S. 249.

zu halten. Gott selbst hat die Menschen nicht verachtet, sondern ist Mensch geworden um der Menschen willen.«[15] Die bewusste Zuwendung, die Entscheidung, im Gegenüber Gottes Ebenbild zu suchen und ihm mit Würde und Respekt zu begegnen, hat nicht nur den »Schwachen«, sondern uns allen geholfen, uns zum Wachstum, zur Veränderung, zu Neuanfängen freigesetzt. Liebe ist mehr als ein Gefühl, sie ist dankbare Hingabe an die Gemeinschaft, an jedes einzelne Mitglied und nicht zuletzt an sich selbst.

Innere Wandlung:
von der Nervensäge zum Grund zur Freude

Ab und zu war ich (Thomas) von einer Mitbewohnerin genervt, weil ich den Eindruck hatte, sie bringe sich zu wenig in die Gemeinschaft ein und profitiere vor allem vom Einsatz der anderen. Gut, dass mir zu Epheser 4,16 dann ein Licht aufgegangen ist. Dort heißt es, dass jedes Glied das andere nach dem Maß seiner Kraft unterstützt. Das bedeutet, dass ich nicht von *meinem* Maß an Kraft ausgehen sollte, sondern respektiere, dass sie ein *anderes* Maß hat.

Mit dieser Haltung begann ich mich über ihren Beitrag zu freuen, statt zu denken, meiner sei größer – was sowieso ein Irrtum sein könnte. In der Zwischenzeit haben wir beruhigt festgestellt, dass sich die erwähnte Person sehr erfreulich entwickelt hat. Wieder hatte ich etwas Wichtiges gelernt: Manchmal brauche ich einfach etwas mehr Geduld!

---

15 Dietrich Bonhoeffer, *Widerstand und Ergebung. Briefe und Aufzeichnungen aus der Haft*, hrsg. von Eberhard Bethge Chr. Kaiser Verlag München 1970, S. 19.

Ein-Sicht

Weit weg scheint mein Gegenüber,
verbunkert und versteckt in Ratio und Argumentation,
unerreichbar.
Geheimnisvoll – oder bedrohlich.
Manche sagen: »Sie verletzt Grenzen.«
Manche sagen: »Sie ist dominant.«
Manche sagen: »Sie ist vielleicht okkult belastet.«

Ich bleibe stehen.
Halte den Blick aus, sorgsam, zugewandt.
Eine Träne bahnt sich den Weg zu meinem Herzen.
Alles wird weich, verletzlich, wahrhaftig – schön.

Wechselspiel –
innerliches Abschütteln der trüben Gedanken.
Fassung kriegen – und verschwinden hinter der Analyse.

Ein Augen-Blick hinter die Kulissen, in mein Herz getropft.
Alles ist anders, sie ist anders – oder ich?

Herzensaugen sehen klarer.

Irene Widmer-Huber

Im Blick auf das Zusammenleben schrieb ich (Thomas) am 4.3.03 in mein Tagebuch: »Viele Herausforderungen heute, Jesus: Lukas, Peter, Erika. Aber wir halten daran fest, dass du uns Leute über den Weg sendest, damit wir daran reifen, damit wir etwas lernen. Deshalb sage ich dir Danke, Jesus!«

Für das erste Jahr mit der Gemeinschaft »Ensemble« hatte ich (Thomas) zur Bewältigung der intensiven Aufbauphase eine 80-Prozent-Stelle bei der »Offenen Tür«, Irene übernahm die anderen zwanzig Prozent, während ich an ihrem Arbeitstag als »Familienmann« für die Kinder zuständig war. Im Jahr 2001 begann ich meine Tätigkeit als Spitalpfarrer in der Psychiatrischen Klinik Sonnenhalde, reduzierte mein Pensum beim Trägerverein unserer Gemeinschaft entsprechend und blieb bewusst einen Tag unter der Woche zu Hause tätig. Parallel dazu setzte ich mich für die Förderung des gemeinschaftlichen Lebens ein: Ich koordinierte eine regionale Arbeitsgruppe mit einem jährlichen Gemeinschaftsfest und veröffentlichte Verschiedenes. Dabei habe ich mir gelegentlich zu viel zugemutet. Im Juni 2003 schrieb ich in mein Tagebuch: »Wieder das Problem, dass ich zu viel arbeite und bewusst Zeit in die Familie investiere, aber für mich selber kaum Zeit habe (für Stille Zeit, Zeitung lesen, Klavierspiel, Entscheidungen fällen), auch keine Zeit für persönliche Angelegenheiten wie Kleider kaufen, Zahnarzt, die Steuererklärung. So kann es nicht weitergehen! Hilf mir, Jesus! Ich brauche eine Kehrtwendung, weiß aber noch nicht, wie ...« Beim Nachdenken wurde mir klar: Meine Situation hat nichts mit dem gemeinschaftlichen Leben an sich zu tun, ich habe einfach zu viele Projekte gleichzeitig! Ich ging über die Bücher, setzte meine Prioritäten neu und erhielt vom Trägerverein »Offene Tür« administrative Entlastung.

Gottes Liebe ist kreativ

Liebe sucht Lösungen. Und nicht jede Gemeinschaftsform taugt für jedermann. Jedenfalls ist dies unsere Erfahrung. Wo unsere Wohngemeinschaft für den Liebhaber von Kinderlagern ein »Dauerlager« bedeutet und ihm entspricht, stellt für die hochsensible Frau oder für eine Borderlinepersönlichkeit unser Flohzirkus eine ständige Überforderung dar. So viele Möglichkeiten das nahe Miteinander für die eine in sich birgt, so viele Unmöglichkeiten kann es für den anderen haben. Was macht eine Gemeinschaft zu einer Gemeinschaft? Es hängt nicht an der Wohnform – es hängt wohl viel mehr an dieser dankbaren, verbindlichen, bewusst gewollten Zuwendung in dreifacher Dimension – zu Gott, zum Gemeinschaftsmitglied und zu sich selbst.

Und doch – es gibt Faktoren, die einem gemeinschaftlichen Miteinander helfen, zum Leben zu kommen. Einer davon ist die geografische Nähe zueinander. Wir glauben an die Vorteile der »Pantoffelgemeinschaft« – eines Miteinanders eben, wo sich die Mitglieder besuchen können, ohne Straßenschuhe anziehen zu müssen. Wir sind dankbar, dass unsere Wohnung so nahe an der Wohngemeinschaft liegt, dass uns nur ein Hof trennt, der selbst im Winter bei Schnee mit einem intakten Gleichgewichtssinn und etwas Glück in den Hausschuhen überquert werden kann. So kann viel Spontanes geschehen – wir teilen das Essen, das zu viel ist, leihen uns die Milch aus, treffen uns »noch schnell« zum Gebet, klopfen an der Türe für einen kleinen Liebesdienst oder trinken spontan eine Tasse Kaffee miteinander. Mein Gegenüber kann zu meiner spontanen Besuchsidee locker Ja oder Nein sagen, schließlich musste ich keinen weiten Weg zurücklegen. Sitzungen werden am Esstisch oder sogar in der Haustür geplant, Freud und Leid kriegen wir schnell mit – oft genügt ein Blick in die Augen. Wie sagen Freunde von uns so schön? »Die beste Gemeinschaft findet nachts um zehn vor dem Kühlschrank in der Küche statt.« Wie wahr! Wir wissen aber auch, dass nicht immer ein Mensch, der sich gemeinschaftliches Leben wünscht, gleich um die Ecke wohnt. Dies soll kein Hinderungsgrund sein, trotzdem Modelle des gemeinschaftlichen Lebens zu entwickeln. In diesem Buch haben wir genug gelungene Beispiele dafür.

Doch nicht nur räumliche Distanz kann das Gemeinschaftsleben manchmal erschweren. Da gibt es noch ganz andere Dinge: Immer wieder treffen wir Menschen, die mit tief sitzenden Wünschen und Bedürfnissen einziehen. Wie sehnen sie sich nach Schutz, Geborgenheit, Heimat – aus der Tiefe einer wund gewordenen, einsamen, oft gemarterten Seele. Und wie schön wäre es für uns als Leiter, wenn diese Sehnsüchte in ihrer Wucht und Tiefe gestillt werden könnten – einfach durch das Zusammenleben, dadurch, dass man Gemeinschaft hat. Oft genug haben wir jedoch die Erfahrung gemacht, dass das so einfach nicht funktioniert. Liegt es vielleicht an der Eifersucht unseres himmlischen Vaters? Der den ersten Platz in unseren Leben haben will und es nicht zulässt, dass eine Gemeinschaft diesen Platz einnimmt? Genauso, wie kein Ehepartner diesen Platz einnehmen soll und darf?

Manchmal gelang es, diese tiefen Sehnsüchte zu verstehen und zu sortieren. Was gehört Gott? Was stillt nur er? Was kann mir die Gemeinschaft geben, was soll sie geben? Wo überfordere ich meine Gegenüber über alle Maßen? Wo suche ich mein Glück, mein Heil, meinen inneren Frieden beim anderen, anstatt bei Gott selbst? Solche und ähnliche Fragen haben geholfen, die Tiefen einer Seele zu begreifen, zu lieben und zu Jesus zu bringen – in ihm ist die Fülle des Lebens. Nur in ihm. Manchmal können wenige Gespräche zur Wende führen, manchmal sind es jahrelange Prozesse, für sich selbst mit Jesus sorgen zu lernen – eingebettet in die Gemeinschaft, die zwar beten, die Arbeit am inneren Heilungsprozess aber niemandem abnehmen kann. Das ist manchmal eine bittere, letztlich aber doch eine sehr heilvolle Erkenntnis.

Ermutigend: weitere Gemeinschaften und Fachstelle Gemeinschaftliches Leben

In den letzten Jahren konnten wir mithelfen, dass im Rahmen der »Offenen Tür« weitere diakonische Hausgemeinschaften entstanden. Möglich wurde dies, weil Gott Leiterpaare innerlich vorbereitet hatte und der Vorstand unseres Trägervereins die Gründung von neuen Gemeinschaften förderte. Als wir erfuhren, dass ein großes Haus in guter Wohnlage frei werde, haben wir lange gebetet und Leitungspersonen gesucht. Es wurde zunächst nichts daraus, wir waren enttäuscht, das Haus wurde für einen anderen Zweck saniert. Erst während der Umbauphase kamen wir in Kontakt mit einem Ehepaar, das Interesse daran zeigte, die Leitung zu übernehmen. Schließlich konnten wir in einem schön renovierten Mehrfamilienhaus eine neue Hausgemeinschaft eröffnen. Das war sehr eindrücklich für uns: Gott hat den Überblick – manchmal braucht es einfach Zeit, bis das Neue reif ist.

In der Zwischenzeit leben in vier diakonischen Hausgemeinschaften insgesamt 45 Personen, davon zehn, die aufgrund ihrer psychischen Schwierigkeiten Wohnbegleitung brauchen. Sie werden von den Hausleitern individuell begleitet und gefördert. Zwei weitere Häuser sind in der Aufbauphase. Wertvoll ist für mich (Thomas), dass ich mit einzelnen Personen mit psychischen Einschränkungen zusammenleben und gleichzeitig die Gründung von neuen Gemeinschaften fördern darf – und parallel dazu in der psychiatrischen Klinik Sonnenhalde leidenden Menschen punktuell seelsorgerlich zur Seite stehen kann. Dies ermöglicht Synergien; Erfahrungen und Einsichten fließen vom einen in den anderen Arbeitsbereich.

Aufgrund der positiven Erfahrungen mit dem bereits erwähnten Bundesschluss in Basel wagten wir vor einigen Jahren einen Vorstoß, uns im Leiterkreis der Riehener Hausgemeinschaften miteinander zu verbünden. Einige reagierten positiv, anderen ging es zu weit. Sie zogen es vor, auf der freundschaftlichen Ebene zu bleiben. Somit beließen wir es beim Alten, die Leitertreffen waren trotzdem ermutigend. Eine leise Sehnsucht aber blieb.

Viele Menschen haben über Jahre bei uns gewohnt, wir haben uns in die Beziehungen investiert – bis sie doch weiterzogen, heirateten oder sich für kommunitäre Lebensformen entschieden. Es ist uns bis heute eine große Freude, solche Wege mitverfolgen und begleiten zu dürfen. Gleichzeitig reifte aber auch bei uns der Wunsch, etwas Beständiges aufbauen und darin leben zu dürfen. Diese Träume hatten aber noch wenig Raum zu jenem Zeitpunkt.

Die Aufbauarbeit vor Ort war uns wichtig und die Förderung des gemeinschaftlichen Lebens im deutschen Sprachraum uns schon lange ein Anliegen. Gott hat uns so viel geschenkt, dass wir nicht anders können, als davon zu erzählen und andere zu ermutigen, *ihren* Weg zu suchen. Bereits 1997 boten wir bei der Campus-Schulungskonferenz Explo 97 in Basel ein gut besuchtes Seminar an. Unsere Berner Freunde, die damals mitwirkten, hatten dasselbe Anliegen. Sie begannen, ein Netzwerk zur Gründung und Ermutigung von Lebensgemeinschaften aufzubauen. Ich (Thomas) erinnere mich noch gut an ein Treffen in ihrer Lebensgemeinschaft Basivilla, als wir darüber sprachen, eine Internetplattform ins Leben zu rufen: www.commonlife.ch war geboren!

Bei uns in Riehen hatten wir in den letzten zehn Jahren viele Besucher, die zu uns kamen, um sich inspirieren zu lassen. Ehepaare und Singles aus der Schweiz und zunehmend auch aus Deutschland nahmen mit uns Kontakt auf. Besonders erfreulich war, wenn initiative Leitungspersönlichkeiten gleich Vertreter der Gemeindeleitung mitbrachten. Damit wurde bereits in den Anfängen eine Unterstützung durch die Gemeinde möglich. Spannend war, dass zur Beratung auch Singles kamen, denen es gelang, weitere Singles und Ehepaare für ein gemeinsames Wohnprojekt zu gewinnen. Dabei durften wir miterleben, wie Gott mutigen Christen finanziell unter die Arme greift. So konnte ein Ehepaar eine große Liegenschaft erstaunlich günstig erwerben, ein anderes wollte im Hinblick auf eine Gemeinschaft ein größeres Haus kaufen und sein Einfamilienhaus verkaufen. Zur Bestätigung erhielten sie von Bekannten, die gerade geerbt hatten, ein zinsfreies Darlehen von 200 000 Schweizer Franken! Und mehr als einmal erlebten wir, dass Freunde im richtigen Moment erfuhren, dass eine Bank ein großes Haus aus einer Konkursmasse heraus verkaufen wollte. Auf diese Weise konnten sie bzw. ihre Vereine die Häuser für weniger als die Hälfte des ursprünglichen Wertes erwerben. Mit Gott als Erfinder der Gemeinschaft lassen sich finanzielle Wundergeschichten erleben!

Wir wurden eingeladen, in der Schweiz und in Deutschland bei Konferenzen Seminare zu halten, und schrieben Artikel in verschiedenen Zeitschriften. Zusammen mit Karl Flückiger, dem langjährigen Leiter der therapeutischen Gemeinschaft Christuszentrum Zürich, konnte ich (Thomas) im Jahr 2003 ein Handbuch für amtierende und künftige Hauseltern und Leiter/-innen herausgeben[16]. Unser Trägerverein »Offene Tür« begann im Jahr 2005, das wachsende Engagement mit zehn Stellenprozenten zu fördern, im Jahr 2007 entwickelte sich daraus mit Unterstützung des neuen Vorstandsmitglieds Andreas Meier die Fachstelle Gemeinschaftliches Leben. Auch das war ermutigend. Im Blick auf

---

16 *Neue Wohnprojekte braucht das Land! Wohnmodelle und Gemeinschaften mit diakonischem, pädagogischem und therapeutischem Auftrag. Ein Handbuch für amtierende und künftige Hauseltern und LeiterInnen*, Schriibschtell, Zürich 2003.

meine Tätigkeit in der Klinik Sonnenhalde und bei der »Offenen Tür« ließ ich mich zum Coach und Supervisor ACC ausbilden und beschäftigte mich im Rahmen meiner Diplomarbeit vertieft mit der systemischen Beratung von Pionieren mit christlichem Hintergrund.[17] Wir stellten ein wachsendes Interesse an aktuellen Formen gemeinschaftlichen Lebens fest, auch von Studierenden, die sich im Zusammenhang mit ihrer Diplomarbeit bei uns meldeten. Schließlich legten wir den Fokus auf Seminare zum Gründungsprozess des gemeinsamen Lebens.

Ich (Irene) ließ mich in den Jahren 2005–2007 zum Traumacoach ausbilden. Nochmals stellte sich für mich die Frage, wie ich mein Leben gestalten sollte. War es nun dran, auch eine Arbeit außerhalb des Gemeinschaftslebens zu suchen, mich anstellen zu lassen oder eigene Coachings anzubieten? Ich sah mein Leben in Haus und Hof genau an und kam zu dem Schluss, dass ich nichts, aber auch gar nichts zugunsten einiger Arbeitsstunden außerhalb des Hauses abgeben wollte. So blieb ich meiner Aufgabe treu – die ja auch eine Teilzeit-Anstellung beim Trägerverein für die Wohnbegleitung beinhaltete.

Gemeinschaftliches Leben setzt manches frei – braucht aber auch Zeit. Wer sich für ein Miteinander entscheidet, in welcher Form auch immer, sollte sich dessen bewusst sein. Beziehungen, Treffen, gemeinsame Veranstaltungen – wer hier nicht Zeit in seiner Agenda freischaufelt und die Prioritäten neu überdenkt, wird wohl bald ein »Es ist mir zu viel« erleben und sich neu für das entscheiden müssen, was ihm wirklich wichtig ist.

Begegnung und Beginn der Zusammenarbeit mit Astrid Eichler

Unsere erste Begegnung mit Astrid Eichler haben wir einer Mitbewohnerin zu verdanken, die inzwischen im Basler Stadtkloster El Roi lebt. Sie hatte »Es muss was Anderes geben« gelesen und

---

17 Veröffentlicht auf www.offenetuer.ch/Fachstelle.

erzählte uns begeistert davon. Wir freuten uns sehr über das Buch und dessen Stoßrichtung. Es nahm ein Thema auf, das uns schon lange auf dem Herzen war. Wir lebten seit Jahren mit Singles zusammen und versuchten, sie zu ermutigen, ihren persönlichen Weg zu gehen. Unter anderem organisierten wir im Jahr 2002 im Rahmen des regionalen Gemeinschafts-Festes einen Seminarteil zum Thema »Das Potenzial von Singles und Ehepaaren für Gottes Reich«.

Einige Zeit nach der literarischen Begegnung mit Astrid Eichler rief eine Teilnehmerin eines solchen Gemeinschafts-Festes an und fragte mich (Thomas), ob ich beim Patronatskommittee der geplanten EmwAg-Tagung in Zürich mitmachen würde und ob wir unsere Riehener Gemeinschaften vorstellen und einen Workshop anbieten könnten. Das klang verheißungsvoll – und so lernte ich im Februar 2008 Astrid Eichler persönlich kennen. Sie fand es spannend, dass es in der Schweiz eine »Fachstelle Gemeinschaftliches Leben« gab und lud uns als Referenten zur EmwAg-Tagung im Januar 2009 nach Altensteig im Nordschwarzwald ein. Ein Höhepunkt für uns war der persönliche Austausch am Samstagabend, bei welchem wir merkten, dass wir uns auch geistlich nahestanden. Eine gute Basis, um im Herbst 2009 am selben Ort zusammen die Werkstatt-Tage »Gemeinschaftliches Leben« zu gestalten. Dort sprachen wir über die Idee eines gemeinsamen Buches und machten uns auf den Weg zum vorliegenden Gemeinschaftswerk.

Zukunftsperspektiven: Lebensgemeinschaft in einem großen Haus

Du bist über wenigem treu gewesen, ich will dich über viel setzen (Matthäus 25,21). Dies ist ein Vers über Thomas' Leben, der ihm immer wieder zugesprochen wurde. Nach zehn Jahren im Fischerhus und einer wachsenden Beratungs- und Seminararbeit stießen wir in unserem geliebten, denkmalgeschützten Gemäuer immer mehr an Grenzen. Unser Seminarraum fasst mit viel gutem Willen knapp zwanzig Leute und wäre eigentlich als Gästezimmer gedacht. So saßen wir bei unseren Gründerseminaren wie die Sardinen auf improvisierten Sitzgelegenheiten und es wurde uns klar, dass es so nicht weitergehen konnte. Gott hatte den roten Faden in unserem Leben weitergesponnen, wir versuchten treu unser Bestes zu geben. Und jetzt?

Zusammen mit Freunden begannen wir, für ein größeres Haus zu beten, streckten die Fühler nach Bauland aus, sprachen mit Verantwortlichen der politischen Gemeinde, mit Sr. Doris Kellerhals, der Oberin der Kommunität Diakonissenhaus Riehen, mit mehreren Architekten und interessierten uns für frei werdende Liegenschaften in unserem großen, grünen Dorf mit gut 20 000 Einwohnern. Es war schwierig. Die Kenner der Immobilienszene machten uns wenig Mut, etwas zu finden. Eine Architektin sagte: »Wenn Sie mir ein solches Haus, das Sie suchen, vermitteln, zahle ich Ihnen 50 000 Franken!« Nicht gerade ermutigend. Eigentlich hatten wir doch die Erfahrung, dass uns Gott »spätestens rechtzeitig« mit guten Häusern versorgte. Und jetzt?

Es war ein denkwürdiger Moment, als uns eines Tages ein Telefonanruf aus dem Diakonissenhaus Riehen eine neue Perspektive eröffnete. Es endete damit, dass wir nun ein wunderschönes, großzügig erbautes Heimatstilgebäude übernehmen und von einem Heim in ein Mehrfamilienhaus umbauen dürfen. Wir erlebten Wundergeschichten. Zuerst brauchten wir Mitstreiter, wir sehnten uns nach einem Miteinander, der alte Traum nach der kommunitär geprägten Lebensgemeinschaft brannte neu in unseren Herzen. Vor uns stand die Perspektive, zu einer »verschworenen Bande« zu werden, und bis ins Alter – über die aktuelle Lebensphase und den gegenwärtigen Dienst hinaus – zusammenzubleiben.

Mit meinem Kalender bewaffnet machte ich (Irene) mich auf zu unseren lieben Freunden Morgenthaler aus der Nachbarschaft, die seit Jahren unsere Gemeinschaft »Ensemble« mittragen, seit zehn Jahren dicke Freunde sind und damals im besagten Leiterkreis gerne mit uns eine Bundesbeziehung eingegangen wären. Als ich wohl mit einem besonderen Glanz in den Augen vor meiner Freundin stand und sie um einen Termin bat, meinte sie verschmitzt: »Muss ich umziehen?« Gott hatte schon vor Jahren und in der letzten Zeit sogar durch Träume zu ihr gesprochen, und ihr Schritt im Glauben, noch eine Ausbildung in christlicher Psychologie zu absolvieren, begann plötzlich einen Sinn zu ergeben.

Das Ehepaar mit seinen drei Teenagern brauchte keine lange Bedenkzeit. Auch unsere langjährige Hausfreundin Corinne Hürzeler war innerlich auf unsere Anfrage vorbereitet. Nach der Verarbeitung einer gescheiterten Beziehung war sie offen und reif, Neues zu wagen – und dies mit uns tun zu dürfen, war seit Langem ein still gehegter Wunsch, der plötzlich realistisch schien. Wir fünf hingen wie überreife Äpfel am Baum. Endlich würden wir uns noch vertiefter gemeinsam auf den Weg machen dürfen, unter einem Dach wohnen, Gemeinschaft feiern und dieses Leben teilen – mit den Menschen, die Gott uns anvertraute (mehr unter www.moosrain.net).

Nach den verschiedenen Wohnorten, von denen ich (Irene) wusste, dass es »Wohnorte auf Zeit« waren, riecht es nun zum ersten Mal in unserem Leben nach Bleibendürfen, nach Niederlassen – und dies über den Bund der Ehe hinaus in dem größeren Ganzen einer Lebensgemeinschaft. Wir buchstabieren das »für immer« miteinander durch, suchen nach Formen, die uns entsprechen, nach Abmachungen, die unsere Beziehungen beleben und auf soliden Grund stellen. Dabei holen wir uns auch Unterstützung, z. B. bei der Familienkommunität Don Camillo, um aus ihren Erfahrungen zu lernen.

Der besondere Humor Gottes mitten in einem weiteren Gründungsprojekt

Ein großes Umbauprojekt liegt vor uns, nicht nur innerlich, sondern auch äußerlich: Das Haus muss saniert, Wohnungen und Gemeinschaftsräume müssen eingerichtet werden. Und wir überlegen uns, wie wir den großen, herrlichen Garten nicht nur zum Feiern nutzen, sondern auch möglichst einfach pflegen können. Wir wissen, dass viel Arbeit, viele Herausforderungen und wohl auch Tiefpunkte auf uns zukommen werden. Wieder stehen wir mitten in einem weiteren Gründungsprojekt. Große Begeisterung und heiliger Respekt vor dem Unternehmen halten sich die Waage. Und doch: »Wir wolln uns gerne wagen, in unsern Tagen der Ruhe abzusagen, ... uns fröhlich plagen und unsre Steine tragen aufs Baugerüst« (Niklaus Ludwig Graf von Zinzendorf).

Wieso? Weil wir in allem Gottes Reden, seinen roten Faden in unserem Leben entdecken. Gemeinschaft ist seine Idee. Was wir erlebt haben und erleben, war Ausdruck seiner gnädigen Führung. Wir treten ein Wegstück in seinen Fußstapfen an, lassen uns ein auf das Abenteuer Nachfolge. Und er schenkt Gelingen und schafft mit unseren Unmöglichkeiten seine Gelegenheiten. Ein gemeinschaftlicher Lebensstil ist ein lebendiger, oft brüchiger, herausfordernder, aber immer auch ermutigender, beglückender Weg in Abhängigkeit zu dem, der alle Gemeinschaft in sich trägt. Die Tatsache, dass uns die Riehener Diakonissen, mit welchen wir seit Jahren viele Verbindungen pflegen, dieses Haus im Baurecht anvertrauen (wir dürfen also auf ihrem Grundstück gegen ein regelmäßiges Entgelt das Haus umbauen und unterhalten oder ein neues erstellen, in Deutschland Erbbaurecht genannt), erfüllt uns mit großer Dankbarkeit. Zu allen Erfahrungen, die wir selber in vielen Jahren gemacht und reflektiert haben, kommen nun viele weitere als Bereicherung dazu, gerade was das lebensgemeinschaftliche Element betrifft.

Wir bleiben Lernende und wir sind überzeugt, dass im Schatz der Kommunitäten noch Wahrheiten und Einsichten verborgen sind, die uns in neuen Formen von Lebensgemeinschaften, Wohnmodellen, EmwAg-Zellen und anderen gemeinschaftlich orientierten Kreisen bereichern können. Das Gemeinschaftsleben hat unser Leben geprägt – und wird es weiterhin prägen. Wir sehen darin Gottes Stimme und Führung – in dem Sinne können auch wir sagen: »Gott hat gewonnen.« Schließlich – und das ist der besondere Humor Gottes in der ganzen Geschichte – haben wir über vieles vor unserer Heirat geredet, auch über sehr verschiedene Lebensentwürfe – nur über eines haben wir *nie* gesprochen: über das gemeinschaftliche Leben!

Motiviert von einer Vision: viele neue Gemeinschaftsmodelle

In den letzten zwanzig Jahren haben wir viel Gutes erlebt, auch unsere Kinder wurden reich beschenkt. Aus Dank an Gott wollen wir von dem, was uns geschenkt wurde, etwas weitergeben.

Wir träumen davon und sehen, wie es an manchen Orten schon wahr wird: dass in unseren Dörfern und Städten neue Gemeinschaftsmodelle gegründet werden, darunter auch Wohn- und Hausgemeinschaften. Wir wünschen uns, dass noch viele EmwAg-Zellen entstehen, noch manche Orte der Hoffnung, Gemeinschaften von Singles und Familien, in welchen Gott angebetet wird. Neue Formen des Miteinanders sollen entstehen, wo Menschen verbindlich mit anderen zusammenleben, einander tragen, in der Nachfolge Jesu wachsen und damit auch in der Liebe zu Gott, ihren Mitmenschen und zu sich selber. Im gemeinsamen Leben soll die Gegenwart Jesu zeichenhaft sichtbar werden, in einem heilsamen Lebensraum sollen Menschen innere Heilung erleben, Befreiung sowie Ermutigung und Ausrüstung zum Dienst.

An manchen Orten entsteht Neues. Gemeinschaftsmodelle tragen dazu bei, dass Nachbarn, Freunde und Bekannte das gemeinsame Leben von Christen als attraktiv wahrnehmen. Das Zusammenleben von Christen wird für die Gesellschaft sichtbar, im Sinne des Wortes von Jesus an seine Jünger: *So soll euer Licht leuchten vor den Menschen, damit sie eure guten Taten sehen und euren Vater im Himmel preisen* (Matthäus 5,16; ZÜR). Wir freuen uns über spannende Entwicklungen und Aufbrüche, die wir in unseren Tagen wahrnehmen:

- **Ehepaare** ziehen aus ihrer Wohnung oder ihrem kleinen Haus in ein größeres, wenn die Kinder ausziehen, um mit anderen gemeinschaftlich zu leben.
- **Frauen** nehmen ihre Berufstätigkeit nicht zu 100 Prozent wieder auf, wenn die Kinder ausgezogen sind, sondern sind nur in Teilzeit tätig und investieren sich in den Aufbau eines Gemeinschaftsmodells.

- **Männer** schaffen sich Freiräume für die Investition ins gemeinschaftliche Leben, etwa durch Reduktion der Arbeitszeit an der bisherigen Stelle oder durch einen Stellenwechsel.
- **Singles und Ehepaare** tun sich mit Freunden zusammen, wollen gemeinsam alt werden, Synergien nutzen und sich auch in den verbleibenden Jahren für Gottes Reich einbringen.
- Es entstehen **Generationen verbindende Projekte** (die in Deutschland von der Bundesregierung mit finanziellen Mitteln gefördert werden).
- **Gemeinden** entdecken das Thema, erkennen die Bedeutung der verbindlichen Gemeinschaft sowie der Präsenz und des Engagements von Christen in ihrem Wohnviertel.

Neues bricht auf. Während der und das Böse seine zerstörerische Macht zeigt, lässt Gott sein Reich wachsen und bewegt Menschen, das zu tun, was er im Sinne von Epheser 2,10 zuvor bereitet hat.

Ewiger Gott,
Du bist der Gründer, der Vater aller Vaterschaft.
Jesus, du bist der wunderbare Ratgeber.
Heiliger Geist, dein kraftvolles Wirken geht all unserem Tun voran.
Dreieiniger Gott, dir sei alle Ehre!

Thomas Widmer-Huber

Kapitel 3

Vieles ist möglich – Modelle und Beispiele gemeinschaftlichen Lebens

Was unsere Gesellschaft am meisten braucht,
sind Gemeinschaften – echte Gemeinschaften, wo Gott zu Hause ist.

Larry J. Crabb[18]

Gott will Gemeinschaft

Es geht in der Bibel mit Gemeinschaft schon los, bevor es losgeht: Die Theologen rätseln um den Plural, der in 1. Mose 1,26 zu finden ist: *Und Gott sprach: Lasset uns Menschen machen, ein Bild, das uns gleich sei* ... Gott selbst ist in seinem Wesen, wenn auch unvorstellbar, so doch in sich selbst schon Gemeinschaft. Und er hat den Menschen geschaffen, ihm zu entsprechen: nämlich in Gemeinschaft zu leben.

Es ist nicht gut, dass der Mensch allein sei ... (1. Mose 2,18a) – diese grundlegende Aussage über den Menschen führt zum Beginn der Ehe. Und die Ehe, die Familie ist in der Schöpfungsordnung Gottes die grundlegende Form von Gemeinschaft. Allerdings immer aufgehoben in der viel größeren Gemeinschaft des Volkes Gottes. In der Zeit des Alten Testamentes war die Ehe als Grundform der Gemeinschaft auch die unverzichtbare Lebensform. Undenkbar, unmöglich, dass jemand, der unter dem Segen Gottes lebte, nicht verheiratet war.

Das wird erst mit Jesus anders. Er selbst lebt unverheiratet und äußert sich sehr klar zu dieser neuen Lebensmöglichkeit im Reich Gottes: *Einige sind von Geburt an zur Ehe unfähig; andere sind von Menschen zur Ehe unfähig gemacht; und wieder andere haben sich selbst zur Ehe*

---

18 Lawrence J. Crabb: »Was unsere Gesellschaft am meinsten braucht ...«, in: ders., Connecting – Das Heilungspotential der Gemeinschaft   2007 Brunnen Verlag, Basel, S. 18.

unfähig gemacht um des Himmelreichs willen. Wer es fassen kann, der fasse es! (Matthäus 19,12). Es geht um eine unfassbare neue Möglichkeit, die dem Himmel zugeordnet ist!

In einem Streitgespräch mit den Sadduzäern, in dem es um die Auferstehung der Toten ging, antwortete Jesus *und sprach zu ihnen: Ihr irrt, weil ihr weder die Schrift kennt noch die Kraft Gottes. Denn in der Auferstehung werden sie weder heiraten noch sich heiraten lassen, sondern sie sind wie Engel im Himmel* (Matthäus 19,29-30).

Als jemand, der unverheiratet ist, stiftet Jesus Gemeinschaft und lebt in Gemeinschaft. Sein Jüngerkreis ist ein Modell gemeinschaftlichen Lebens, das sich in der Apostelgeschichte fortsetzt. Dort wird ein Bild von Gemeinschaft gemalt, das weit hinausreicht über Gemeinde als Veranstaltungsort. Hier geht es nicht darum, dass man zur Gemeinde *geht*, sondern dass man Gemeinde *ist* (vgl. Apostelgeschichte 2,42-44). Die Gemeinden in den Anfängen der Christenheit und der Kirche sind immer dort, wo es Neuaufbrüche und Anfänge gibt, zutiefst ganzheitlich und gemeinschaftlich.

Paulus redet von Gemeinde in bestechenden Bildern. Das Bild vom Leib zeigt etwas auf von der untereinander bestehenden Abhängigkeit. Das ist Herausforderung und Bereicherung zugleich.

Unser Gott ist kreativ

Als ich (Astrid) nach dem Erscheinen meines Buches *Es muss was Anderes geben* begann, verstärkt über das Thema Gemeinschaft zu referieren, bemerkte ich eine ganz oft wiederkehrende Reaktion: »Ja, mit anderen zusammenziehen – das will ich auch. Aber ich finde niemanden, der mitmacht«, oder: »Ach, das habe ich schon mal versucht, aber es hat nicht geklappt – zusammenzuleben. Nein, jetzt will ich das auch nicht mehr.«

Eine andere Reaktion, die mir begegnete: »Ich wollte auch einmal in ein Kloster gehen, aber die haben mich nicht genommen«, oder: »Ja, aber wie in so einem Kloster kann man doch heute nicht mehr leben.«

In all diesen Reaktionen spüre ich eine große Herausforderung, kreativ zu werden. Unser Gott ist unbeschreiblich ideenreich, und wenn ich mir seine Werke in der Schöpfung anschaue, kann mir der Atem stehen bleiben. Seine Kreativität im Umgang mit seinem Volk ist nicht weniger atemberaubend.

Unser Gott ist ein Gott der Geschichte, das heißt, er offenbart sich in menschliche Geschichte hinein. Er wirkt zu verschiedenen Zeiten in verschiedener Weise. Er will Menschen aller Zeiten und Kulturen Räume des Lebens öffnen und ihnen nahe sein. Er riskiert es dabei sogar, missbraucht zu werden.

Gott ist kreativ und erfinderisch und es geht darum, dass wir uns da mit hineinnehmen lassen. In den verschiedenen Jahrhunderten der Kirchengeschichte gab es immer wieder andere Formen gemeinschaftlichen Lebens. Unfassbar viel Segen ist geflossen durch Klöster und klosterähnliche Gemeinschaften, durch Kommunitäten und Diakonissenschwesternschaften. Es ist ein Strom des Segens, der nicht aufhört. Diese Gemeinschaften waren weithin kirchenprägend und gesellschaftsverändernd. Sollte Gott für das 21. Jahrhundert nicht noch einmal neue Ideen, neue Formen und Möglichkeiten haben?

Als wir 2006 in kleiner Runde ganz am Anfang unserer Überlegungen über mögliche gemeinschaftliche Lebensformen standen, bekam ich einen Artikel über die Beginen in die Hand. Da lasen wir: »Beginen waren alleinstehende Frauen, ledig oder verwitwet, die im Mittelalter einen ›dritten Weg‹ zwischen Kloster und Welt suchten. Sie lebten von ihrer Berufsarbeit, spannten untereinander ein Netz der Solidarität und hatten einen spirituellen Hintergrund.«[19]

Wir schauten uns an und dachten: »Alles schon mal da gewesen.« Ja, tatsächlich, wir müssen nicht alles neu erfinden. Wir können so viel lernen von denen, die vor uns waren. Es gab schon immer vielfältige Formen gemeinschaftlichen Lebens. Gemeinschaft fängt nicht erst da an, wo Menschen zusammen unter einem

---

19 Heute erlebt die Beginen-Bewegung vor allem im säkularen Bereich neue Aufbrüche. Auch in der katholischen Kirche gibt es eine kleine Strömung, in der diese alte Bewegung neu auflebt.

Dach leben. Aber Gemeinschaft ist auch mehr, als sich einmal in der Woche zu einer gemeindlichen Veranstaltung zu treffen. Manchmal denke ich, Menschen in anderen Kulturen haben es einfacher als wir. Irgendwie empfinde ich uns Westeuropäer als besonders termin-, arbeits- und leistungsorientiert. Da wird auch aus Gemeinschaft ein Termin. Und davon haben wir doch eigentlich schon genug.

In der jungen Generation gibt es viele hoffnungsvolle Anfänge. Das Aufwachsen in einer globalisierten Welt mischt die Kulturen. Da wird Gemeinschaft wieder etwas Selbstverständliches, nicht ein zusätzlicher Termin, sondern ein Raum des Lebens. Wie gut! Hier sehe ich Gottes Hand am Werk, wie er Neues hervorbringt in unserer Zeit.

Aber Gemeinschaft ist nicht nur etwas für jugendliche Aussteiger vor der Familienphase. Nein, es geht darum, die Normalität von Gemeinschaft für christliches Leben wiederzuentdecken und in vielfältigen Formen zu gestalten. Es gibt so viele Möglichkeiten. Aber es gibt auch viele Hindernisse, viele Ängste – bei Singles vermutlich noch viel mehr als bei Verheirateten.

Gemeinschaft kann ich zu meinem bisherigen Leben nicht einfach dazuaddieren. Letztlich wird Gemeinschaft mein Leben verändern. Aber alles Große fängt einmal ganz klein an. Und darum geht es: kleine Anfänge zu wagen, damit große Veränderungen möglich werden.

Und wenn etwas nicht gelingt, dann geht die Welt nicht unter. Nicht jeder Versuch muss ein Erfolg werden. Aber probieren wir es. Suchen wir uns Menschen, mit denen wir das Leben teilen können. Und Leben zu teilen muss nicht gleich heißen, auch den Alltag zu teilen. Gemeinschaft ist auch über Entfernungen möglich.

Nun, jede Freundschaft, jede Zweierschaft trägt den Keim von Gemeinschaft in sich. Und manche sagen: »Ich habe viele gute Freunde – was brauche ich da noch mehr?!« Ja, eine Freundschaft, wenn sie gesund ist, kann mir einen guten Lebensraum bieten und ist ein großes Geschenk, eine Kostbarkeit! Ganz sicher. Aber denken wir nicht zu kurz und nicht zu klein. Es geht immer um mehr als um uns. Jesus gründete nicht eine Zweierschaft, sondern Gemeinschaft. Hier werden neue, ungeahnte Kräfte frei, die Leben verändern, ja, die die Welt verändern können. Und die Welt ist da, wo wir sind.

Vermutlich fängt die Veränderung der Welt damit an, dass ich verändert werde. Und das wird letztlich dort geschehen, wo ich mich der Gemeinschaft aussetze, wo ich mein Leben mit anderen teile und ihnen das Recht gebe, in mein Leben hineinzusprechen und -zuwirken.

Jesus verbrachte unsagbar viel Zeit mit Menschen bei gemeinsamen Mahlzeiten. Von der ersten Gemeinde heißt es: *Und sie waren täglich einmütig beieinander im Tempel und brachen das Brot hier und dort in den Häusern, hielten die Mahlzeiten mit Freude und lauterem Herzen* (Apostelgeschichte 2,46).

Gemeinsame Mahlzeiten haben lebensverändernde Kraft. Viele Singles werden das besonders bezeugen. Wo unser Leben heilsam berührt wurde an einem gemeinsamen Sonntagsmittagstisch, werden wir am Montag ganz anders in den Alltag starten. Und wenn wir es gewohnt sind, für drei bis sechs Leute zu kochen, dann kommt es auf ein oder zwei mehr auch nicht mehr an und unsere Mahlzeiten können Orte des Lebens auch für die Nachbarn werden.

Da kann etwas wachsen, und es kann sehr, sehr verschieden aussehen. Warum sollte das menschliche Leben weniger vielfältig sein als das, was Gott auf einer bunten Wiese wachsen lässt?

Grundmodelle für gemeinschaftliches Leben und konkrete Beispiele

Wir wollen jetzt einen Blick auf ganz verschiedene Lebensformen werfen. Vielleicht bekommen Sie eine Ahnung, was noch alles möglich wäre, und Lust, selbst kreativ zu werden. Es ist der Versuch, eine Übersicht zu geben. Das wirkliche Leben lässt sich letztlich nicht in einer Grafik unterbringen. Daher wird schnell deutlich: Es gibt immer noch was Anderes. Aber man kann auf diese

Art und Weise sehen, wie vielfältig die Möglichkeiten sind und wie unterschiedlich sie von Menschen gelebt werden.

Die Einordnung der verschiedenen Gemeinschaftsmodelle erfolgt nach unterschiedlichen Kriterien, zum einen nach der Art der Verbindlichkeit, zum anderen nach der Lebens- bzw. Wohnform. Der Grad der Verbindlichkeit und die Nähe des Wohnens gehören nicht unbedingt proportional zusammen. Es gibt gemeinschaftliche Lebenszellen mit einer hohen Verbindlichkeit über Entfernungen hinweg und Wohngemeinschaften, die lediglich Zweckgemeinschaften sind ohne weitere Verbindlichkeit.

Hierdurch entstehen in der grafischen Darstellung Überschneidungen. Das lässt Raum zum Weiterdenken und zum eigenen Gestalten.

Drei Grundmodelle für gemeinschaftliches Leben

1. VERBINDLICHE GEMEINSCHAFT in einem Stadt- oder Dorfteil, in einer Region oder über Distanzen:

	a) Regionale Interessengruppe: Menschen, die am Thema Gemeinschaft interessiert sind, treffen sich mehr oder weniger regelmäßig und verbindlich.
	b) Jour fixe: Man trifft sich regelmäßig und verbindlich.
	c) Verbindliche Zelle: Man trifft sich regelmäßig und verbindlich. Im Unterschied zu den »Jours fixes« hat man sich jedoch für einen gewissen Zeitraum, evtl. sogar lebenslang verpflichtet.
	d) Gemeinsames Leben vor Ort: Familien und Singles ziehen in dieselbe Straße, denselben Wohnblock und/oder verbinden sich mit ihren christlichen Nachbarn.
	e) Häuser-Partnerschaft: Bewohner von zwei und mehr Häusern verbinden sich.

Varianten: Klein- und Dienstgruppen in einem Stadt- oder Dorfteil im Rahmen einer christlichen (Haus-)Gemeinde, wenn eine *verbindliche* Gemeinschaft besteht und nicht nur alle zwei Wochen Hauskreis o. Ä.

2. HAUSGEMEINSCHAFT: Jede Person/Familie hat eine eigene Wohnung:

Gemeinschaft in einem Mehrfamilienhaus:
Varianten:
Mehrere Singles
Familien und Singles
Mehrere Familien

Ergänzende Varianten: Jemand hat eine eigene Wohnung in der Nachbarschaft, jedoch eine Anbindung an die Hausgemeinschaft.
Man baut ein Wohngenossenschaftshaus oder eine Wohnsiedlung bzw. mietet sich in eine bestehende Siedlung ein.

3. WOHNGEMEINSCHAFT: Man teilt ein Haus oder eine Wohnung:

Varianten:
Mehrere Singles
Familien und Singles

Ergänzende Variante: Jemand hat eine eigene Wohnung in der Nachbarschaft, jedoch eine Anbindung an die Wohngemeinschaft.

Kombination und Entwicklung neuer Modelle:
Neben der Kombination der genannten Lebensformen können neue Modelle entwickelt werden. Wesentlich ist die Frage, welches Gemeinschaftsmodell für die Beteiligten und ihre Anliegen am besten geeignet ist. Lassen wir uns vom Schöpfer der Kreativität inspirieren!

Idee und Text: Thomas Widmer-Huber, Fachstelle Gemeinschaftliches Leben

1. VERBINDLICHE GEMEINSCHAFT in einem

Stadt- oder Dorfteil, in einer Region oder über Distanzen

a) Regionale Interessengruppe:

Menschen, die am Thema Gemeinschaft interessiert sind, treffen sich mehr oder weniger regelmäßig und verbindlich.

Eine regionale Interessengruppe besteht aus Personen, die sich auf den Weg machen, um für sich persönlich die Fragen um gemeinschaftliches Leben zu bewegen. Vielleicht kommen ausschließlich Singles zusammen, um nach einer für sie passenden Form zu suchen. Diese Gruppe kann sich auch für Ehepaare und Familien öffnen. Oder Familien ergreifen die Initiative und sammeln andere, um einen gemeinschaftlichen Weg zu gehen.

Nach einer Phase, in der Interessierte zusammenkommen, sollte die Größe der Gruppe beachtet werden. Wenn es mehr als zwölf regelmäßige Teilnehmer sind, sollte über eine Teilung nachgedacht werden.

Diese Gruppen können der Anfang dafür sein, dass sich Einzelne finden, die miteinander mehr Verbindlichkeit wagen, die »jours fixes« (siehe S. 101f) vereinbaren, eine Zelle bilden oder auf ein gemeinsames Wohnprojekt zugehen. Es kann aber auch sein, dass auf diesem Wegabschnitt für Einzelne deutlich wird, dass auf ihrem Lebensweg erst noch andere Aufgaben anstehen, und sie die Gruppe wieder verlassen.

Eine regionale EmwAg-Gruppe

Es war bei einer Tagung in Cuxhaven im November 2007. Es sollten EmwAg-Regionalgruppen entstehen. Da saßen wir nun, neun Frauen und ein Mann aus Bonn, Köln, Düsseldorf, Duisburg, Moers, Wuppertal, Fröndenberg und Münster. Wie könnten wir uns über große Entfernungen hinweg miteinander verbinden, Gemeinschaft pflegen, ein Netzwerk bilden?

Ein wenig kamen wir uns so vor wie die Menschen, denen nach der Rückkehr in das zerstörte Jerusalem das Prophetenwort zum Tempelbau gesagt wurde: »Wer immer den Tag des geringsten Anfangs verachtet hat, wird doch mit Freuden sehen den Schlussstein in Serubbabels Hand« (Sacharja 4,10). Sie hatten kein Baumaterial, keine hilfreichen Strukturen, keinen Mut und erlebten Widerstände von außen.

Wir hatten Mut – und fingen einfach an.

Wir trafen Vereinbarungen und sahen uns wieder: in Düsseldorf, in Bonn, in Wuppertal. So verbrachten wir Zeit miteinander beim gemeinsamen Essen (unsere Mitbring-Buffets waren immer wieder geniale Überraschungen), lernten uns beim Spaziergang näher kennen, lasen gemeinsam in der Bibel und beteten füreinander.

Zur Kernfrage wurde: Herr, was willst du mit unserer Gruppe? Was sollen wir sein, tun, leben? Uns inspirierte das Beispiel der evangelischen Schwesternschaft »ordo pacis« (www.ordo-pacis.de). Diese Schwestern leben ebenfalls weit verstreut in Deutschland. Sie haben einen Auftrag, der in verschiedener Weise gelebt wird mit einer gemeinsamen Regel, die der Ordnung der Kommunitäten ähnelt. Es gibt verbindliche Treffen und finanzielle Verantwortung. »Verbindlichkeit ist das, was uns verbindet.« Das Entscheidende ist aber die Verbindung durch das Gebet.

Angeregt durch »ordo pacis« stellten wir fest: Wir haben ja bereits einige Verabredungen, nämlich:

– Wir treffen uns ca. viermal im Jahr, und das ist für uns verbindlich.

– Wir beten füreinander, und wo notwendig, geben wir auch praktische Unterstützung.

- Wir leben mit dem jeweiligen Monatsspruch und bedenken ihn miteinander.
- Wir unterstützen und arbeiten mit bei Tagungen im EmwAg-Netzwerk.

So merkten wir: Das ist ja gar nicht so wenig. Die Verbindungen unter uns waren gewachsen. Ein nächster Schritt: Wir losten Gebetspartnerschaften aus. Ein gemeinsames Wochenende im Januar 2009 brachte uns näher zusammen. Zu dieser Zeit gab es einen ersten Konflikt unter uns, der aber geklärt werden konnte. Dann entstand die Idee zu einem gemeinsamen Wohnprojekt. Das gab uns Auftrieb, auch wenn bisher noch nichts daraus geworden ist.

Nach »Werkstatttagen Gemeinschaftliches Leben«, bei denen wir uns intensiv mit weiteren Fragen zum Thema Gemeinschaft befassten, wuchs unsere Gruppe weiter. Die »Neuen« wollten in die Gebetspartnerschaften integriert werden. So losten wir neu aus.

Vier Frauen, die in zwei benachbarten Städten leben, haben »Jours fixes« (siehe nächster Abschnitt) vereinbart. Sie wollen näher zusammenrücken. Das alles geht nicht reibungslos. Da gibt es sehr unterschiedliche Erwartungen, Meinungsverschiedenheiten, Enttäuschungen – all das gehört dazu.

Inzwischen liegt die erste große EmwAg-Tagung in Nordrhein-Westfalen hinter uns. Es geht weiter ... Es bleibt spannend! Es ist immer noch ein kleiner Anfang. Doch Gott segnet die kleinen Schritte, die wir im Vertrauen auf ihn wagen.

Gisela Rasch, Münster

b) Jour fixe:

Man trifft sich regelmäßig und verbindlich.

»Jour fixe« ist ein Begriff aus der Wirtschaft und bedeutet, eine feste, verbindliche Verabredung zu treffen. Eine Gruppe hat also klar vereinbart, sich in regelmäßigen Abständen für einen (halben) Tag oder länger zu sehen. Die Erfahrung zeigt, dass solch eine Gruppe maximal aus sechs Personen bestehen sollte. Das Zentrum der Treffen ist der persönliche Austausch, der Raum gibt, miteinander Leben zu teilen. Diese Form kann über lange Zeit eine hohe Kontinuität bringen oder ein Ansatz sein, damit daraus etwas Anderes, z. B. eine EmwAg Zelle wachsen kann.

Jour fixe – eine Möglichkeit, Gemeinschaft zu (er)leben

Wir, fünf Frauen aus Baden-Württemberg, verbringen viermal im Jahr einen Samstag und Sonntag miteinander. Vor neun Jahren suchten zwei von uns nach einer für uns passenden Form, verlässliche Gemeinschaft erleben zu können. Bei einer längeren Zugfahrt entstand die Idee und zwei weitere Frauen ließen sich gewinnen, sich mit uns auf den Weg zu machen und einiges auszuprobieren.

Nachdem wir inzwischen viele Erfahrungen gesammelt haben, gehören mittlerweile folgende Bestandteile zu unseren Treffen:

- gemeinsam kochen und essen,
- über Visionen, interessante Themen und Lebensformen sprechen,
- in der Bibel lesen und singen,
- Spaziergänge,
- Konzerte, Kino und andere kulturelle Veranstaltungen besuchen.

Wir sind dabei viel im Gespräch, sowohl einzeln als auch in der gesamten Gruppe. Bei dem uns ganz wichtigen persönlichen Austausch erzählt jede von uns, was sie erlebt hat, was sie beschäftigt, was sie sich erhofft und wünscht. Wir vereinbaren, dass jede wirklich eine feste Zeit hat, sodass die, die gern viel reden, gebremst sind und auch die, die oft nur schweigen, herausgefordert sind, sich mitzuteilen. Bewusst versuchen wir, das Gehörte nicht zu kommentieren, sondern aufzunehmen und stehen zu lassen. Rückfragen und kurze Anmerkungen sind natürlich möglich. Dies führt dazu, dass wir uns sehr intensiv begegnen und den jeweils eigenen Weg reflektieren können – was schön und anstrengend zugleich ist. Da wir im Umkreis von 200 km leben, können wir nicht unseren Alltag miteinander teilen. Das bedeutet, dass jede von uns auch am Wohnort gute Beziehungen benötigt. Trotzdem ist uns diese Art der Gemeinschaft wichtig geworden. Sie hat auch den Vorteil, stabil bestehen bleiben zu können, selbst wenn eine von uns z. B. wegen des Wechsels der Arbeitsstelle umziehen müsste. Der Kontakt untereinander zwischen den Treffen ist unterschiedlich intensiv. Wir möchten uns nicht überfordern, indem wir von den anderen zu viel erwarten.

Verbindlich und dennoch flexibel, individuelle Freiheit wie auch Gemeinschaft ermöglichen – das sind für uns keine Widersprüche. Klare Absprachen helfen uns, unsere Wünsche zu verwirklichen.

Wie es weitergeht? Wir werden sehen und uns treffen, solange es uns ein Bedürfnis und möglich ist.

Kontakt: jour-fixe-leben@web.de

Beate, Bettina, Birgit, Gertrud, Wilma

c) Verbindliche Zelle:

Man trifft sich regelmäßig und verbindlich. Im Unterschied zu den »Jours fixes« hat man sich jedoch für einen gewissen Zeitraum, evtl. sogar lebenslang verpflichtet.

Eine gemeinschaftliche Lebenszelle entsteht da, wo mehr als zwei Personen entdecken und entscheiden: Wir wollen eine verbindliche Gemeinschaft werden. Wir wollen unser Leben miteinander teilen, unabhängig davon, ob das auch (schon) den Alltag umfasst oder nicht. Solch eine Zelle kann sich über Entfernung hinweg finden, in »Pantoffel«- oder Wohngemeinschaft leben.

Die Mitglieder treffen eine Vereinbarung über die konkrete Gestalt ihrer Gemeinschaft, wann, wie oft, wie sie sich treffen, was die Inhalte sein sollen. Die Empfehlung ist, solch eine Vereinbarung für eine bestimmte Zeit, z. B. ein Jahr, zu treffen, um dann zu prüfen, ob es noch passt, und wenn nein, ob und welche Veränderungen nötig sind, damit jeder und jede weiterwachsen kann.

Eine wichtige Entscheidung ist immer auch, ob es eine gemeinsame Aufgabe geben soll oder ob es die gemeinsame Aufgabe ist, einander zum Leben zu helfen.

Solch eine Zelle kann sich entscheiden, Teil in einem Netzwerk zu werden (EmwAg, commonlife.ch ...). Das setzt Synergien frei. Wir lernen voneinander und miteinander.

Ein kinderloses Ehepaar und zwei Singlefrauen – Astrid Eichlers EmwAg-Zelle

Wir gehören als Ehepaar zu einer Berliner EmwAg-Zelle. Im November 2008 haben wir festgemacht, was bereits in Astrids und unseren Herzen vorbereitet worden war. In den folgenden Monaten kam dann noch eine Singlefrau, Ulrike, hinzu und dehnte unsere Gemeinschaft bis nach Ostfriesland aus.

Wir wollen das Leben miteinander teilen, in guten und in schweren Zeiten, uns in der Nachfolge Jesu ermutigen, miteinander ausgelassen feiern, uns aber auch gegenseitig herausfordern. Damit sind wir schon beim ersten Merkmal dessen, was wir durch gemeinschaftliches Leben erfahren: Horizonterweiterung!

In unserer Berliner Zelle kommen eine Anzahl an »Welten« zusammen. Wenn wir an unseren Gebetsabenden unsere Anliegen austauschen, zieht sich der Bogen von Gefängniserfahrungen über Gemeindearbeit und Fragen, die in Ostfriesland bewegt werden, bis hin zu deutschlandweiten Entwicklungen in dem Netzwerk der christlichen Singles. Und zwischendurch tauschen wir noch aus, was im Supermarkt eingekauft werden soll.

Oft zeigt sich an Kleinigkeiten, dass wir ganz unterschiedliche Erfahrungshorizonte haben. Der Urberliner aus dem ehemaligen Westberlin trifft auf die Erfahrungen aus dem ehemaligen Ostdeutschland. Das warmherzig präzise Vorausschauende begegnet der aus Südamerika kommenden Überschwänglichkeit. Diese Spannbreite an Erfahrungen ist großartig und so typisch für das, was unsere Zeit ausmacht.

Wer seinen Horizont erweitern möchte, muss einen festen Standpunkt haben. Unser gemeinsamer Standpunkt besteht darin, dass wir uns als geliebte Kinder Gottes verstehen, die, jede/-r für sich, mit der jeweilig ganz persönlichen Biografie, in Gottes große Welt hineingerufen wurden. Gottes Makrokosmos in unserem kleinen Mikrokosmos – das in Einheit und in der Geborgenheit der Liebe Gottes zu leben, ist eine Kostbarkeit, die wir uns immer wieder neu bewusst machen.

Damit sind wir beim zweiten Merkmal unseres gemeinschaftlichen Lebens: bewusst gelebte Unterschiedlichkeit. Wir sind sehr verschieden – das ist gut und anstrengend zugleich. Pfarrer Wilhelm Busch sprach häufig von »Gottes bunter Blümchenwiese«. Jeder ist nach »seiner Art« von Gott geliebt. Diese Unterschiedlichkeit gilt es auszuhalten und als Reichtum wahrzunehmen. In der Auseinandersetzung unserer unterschiedlichen Standpunkte, Gefühle und Wahrnehmungen reiben wir uns. Wir lernen, dass man vieles sehr unterschiedlich sehen kann. Das tut auch weh. Manchmal scheint es schwierig, beieinander zu bleiben. Aber wir haben uns bewusst dafür entschieden und uns verbindlich gemacht. Es entspricht dem, was wir unter der Vielfalt im Reich Gottes verstehen.

Wir bleiben aber auch zusammen, weil es uns, und damit kommen wir zum dritten Merkmal, Heimat schenkt. Wir wollen uns ein irdisches Zuhause geben. Das bedeutet für uns: Hier darf ich sein, wer ich wirklich bin. Mit all dem, was ich mitbringe. Sowohl an Potenzial als auch an Begrenzung. An Größe, wenn wir unsere Gaben ausleben, aber auch in Kläglichkeit bei Krankheiten und Krisen. Wir wollen miteinander unser Menschsein mit all seinen Höhen und Tiefen teilen und stellen dabei erstaunt fest, wie sich dadurch unser Glaube und unsere inneren Wertmaßstäbe gemeinsam entfalten. Und wie sich Vertrauen, Zusammengehörigkeitsgefühl und tiefe Zuneigung füreinander entwickeln.

Und der praktisch gelebte Alltag? Der ist von diesen drei Merkmalen geprägt. Mit Zeit für Austausch, Telefonate, SMS, gemeinsame Gebete und Unternehmungen. Mit praktischer Unterstützung, da, wo sie jeder gerade braucht. Mit räumlicher Nähe, die wir bei dem jetzt anstehenden Umzug suchen. Mit kleinen Zeichen der Zuneigung und Wertschätzung. Und – bei aller Nähe – mit viel »Loslassen«, damit jeder in das hineinwachsen kann, wozu ihn Gott berufen hat.

Brigitte & Uwe Heinhold, Berlin

Ich bin die Vierte in dieser Zelle. Das Leben ist immer wieder so GANZ ANDERS, als wir es uns vorstellen oder erträumen – in großen und kleinen Dingen! Ein ganz zentraler Bereich meines Lebens, der völlig anders ist, als ich es mir immer wünschte, ist der Lebensstand. Ehe und Familie waren für mich ein selbstverständliches Ziel –

das ich nie erreicht habe. EmwAg hat mir viel dabei geholfen zu entdecken und zu erleben, dass Singlesein ein wertvoller und schöner Stand und nicht schwieriger und herausfordernder ist als Verheiratetsein. Und EmwAg hat auch dazu beigetragen, dass ich den Traum vom Leben mit anderen teilen und mir Zugehörigkeit und Nähe in einem anderen Rahmen vorstellen konnte. Allerdings schien die Erfüllung dieses Traumes dort, wo ich wohne (auf dem Land), mit wenig Singles und niemandem, für den eine EmwAg-Vernetzung eine ernsthafte Option war, in sehr weiter Ferne. So stellte ich mich darauf ein, auf bundesweiter Ebene ein bisschen bei EmwAg mitzuarbeiten, dort vernetzt zu sein und die Beziehungen vor Ort so gut wie möglich zu leben.

Und dann kam es doch GANZ ANDERS, als ich je zu hoffen gewagt hätte. Und zwar durch einen kurzen Satz in einer E-Mail, die mich aus mehr als 500 km Entfernung erreichte: »Übrigens: Wir würden dich als Zell-Teil aufnehmen ...« Die drei, die das schrieben, hatten vor einigen Monaten eine EmwAg-Zelle gegründet.

Inzwischen ist daraus eine – schriftlich festgehaltene – »Vollmitgliedschaft« geworden, und das ist etwas ganz, ganz Schönes und Besonderes! Auch wenn die Entfernung immer noch mehr als 500 km beträgt.

Wie sieht das konkret aus und wie geht das über so eine Entfernung? Wir sind am Ausprobieren. Noch haben wir nicht alle Lösungen, aber es wächst etwas. Das bisherige Ergebnis lautet: Es ist nicht unmöglich! Es hat Besonderheiten und Herausforderungen und sehr viel Tiefes und Schönes!

Während die anderen, die relativ eng zusammenwohnen, sich regelmäßig wöchentlich und oft noch häufiger treffen und viel Alltag teilen, haben wir uns gemeinsam vorgenommen, uns mindestens einmal im Vierteljahr für mehrere Tage zu treffen. Außerdem verbringen wir Urlaube zusammen. Und auch in anderen Zusammenhängen, z. B. bei EmwAg-Veranstaltungen, sehen wir uns immer wieder. Dazwischen telefonieren wir und schreiben uns ganz viele E-Mails oder SMS! Das ist schön! Und kostet Zeit! Und verschiebt deswegen die bisherigen Prioritäten (sowohl zeitlich als auch emotional) ein bisschen. *Und das ist wichtig und gut, denn ohne Investition von Zeit und Interesse geht es nicht.*

Für mich steckt da eine Herausforderung drin, mit der ich noch lernen muss, umzugehen. Es fällt mir nicht immer leicht zu wissen, dass die anderen das Leben und den Alltag viel enger teilen, als ich es kann. Ich kann viele kleine und größere Dinge nicht oder nur aus der Ferne miterleben und vieles, was mich bewegt, nicht so mitteilen, wie ich es gerne möchte. Immer wieder wünsche ich mir, einen Abend gemütlich zusammen zu verbringen und über das, was uns bewegt, in Ruhe reden zu können. Für die anderen haben »Zellenleben« und Alltagsleben viel mehr Berührungspunkte, und mein Alltag hat mit ihrem Leben kaum etwas oder gar nichts zu tun. Da passiert es nicht automatisch, dass man das Leben miteinander teilt, sondern es muss bewusst gesucht werden. Ich bin sehr dankbar zu erleben, wie viel die anderen investieren, um mich mit einzubeziehen!

Ich lerne mich in dieser Spannung in mancher Hinsicht neu kennen und übe Loslassen und Vertrauen. Es fordert mich heraus, Jesus immer wieder im Mittelpunkt zu haben und nicht von Menschen zu erwarten, was nur er geben kann.

Aber es gibt Pläne, um das Leben mehr und konkreter zu teilen. Jetzt, wo die anderen näher zusammenziehen, werde ich in der einen Wohnung ein eigenes Zimmer haben. Ich werde es mieten und selbst einrichten und dann bin ich dort nicht mehr nur zu Besuch (wie sonst so oft als Single). Wenn ich nicht da bin, kann es als Gästezimmer genutzt werden. Und wenn ich da bin, dann können wir unser Leben miteinander teilen – mitten im Alltag.

Grundsätzlich erlebe ich, dass Zugehörigkeit einen großen Unterschied macht! Wie schön ist es, wenn Menschen sagen: »Wir wollen mit dir Leben teilen. Wir wollen mit dir zusammengehören!« Dadurch habe ich auf ganz neue und andere Art und Weise den Mut, zu sagen und zu tun, was mir wichtig ist und mich bewegt. Ich bin nicht mehr fremd. Ich kann mich trauen, ich selbst zu sein. Auch wenn die Fassade dann nicht so glänzend ist. Ich merke, dass die anderen das aushalten. Das tut gut!

Ulrike Odefey, Esens

Eine Singlefrau und Eltern von vier Kindern, die ihr Leben miteinander teilen, auch wenn sie (noch) getrennt wohnen

Wir, drei Erwachsene und vier Kinder im Alter zwischen zwei und elf Jahren, haben miteinander verabredet, uns einmal wöchentlich (immer mittwochs) und einmal im Monat am Sonntag zu treffen.

Darüber hinaus haben wir diverse Urlaube miteinander verbracht und gemeinsame Projekte in unserem Stadtteil und in unserer Gemeinde verwirklicht. Es ist also nicht ganz alltäglich, im gesellschaftlichen Sinne, aber für uns ist es Alltag. Unsere Lebensgemeinschaft hat für uns nichts Ungewöhnliches, Großes oder Beängstigendes. Das mag vielleicht auch daran liegen, dass wir uns abgesehen von oben genannten Vereinbarungen keine weiteren Ziele gesteckt haben.

Unsere Wohnungen sind 15 km voneinander entfernt und jedes Treffen über den Mittwoch hinaus muss (bis auf wenige Ausnahmen) um die Terminkalender von sieben Menschen herum geplant werden. Es ist auch nicht immer so, dass wir sieben alle zusammen aufeinanderhängen. Die Kinder gehen weiterhin ihren Nachmittagsveranstaltungen nach. Verabredungen, Dienstbesprechungen, lustige Frauen-/Herrenrunden, Elternabende ... können und wollen auch nicht immer umgelegt werden. So hat unsere Zelle einen ganz natürlichen Charakter. Es gibt Abende und Nachmittage, an denen wir alle miteinander Kaffee trinken, klönen, gemeinsam spielen, basteln, backen, malen oder auch nur zu zweit den Tisch für den Rest der Gruppe decken. Wir gucken auch gemeinsam fern. Für die Wäsche, anfallende Reparaturen und andere Alltäglichkeiten fühlen sich alle verantwortlich. Zu Besuch im Hause der jeweils anderen sind wir nie!

Wir leben zusammen Alltag, und das erfordert bekanntlich im Normalfall keinen besonderen Mut. Trotzdem hat es im Vorfeld zu unserer Zelle schlaflose Nächte und lange Diskussionen über das Ob, Wie und Wann gegeben. Statt die Entwicklung einer gewachsenen Freundschaft einfach dem Zufall zu überlassen, bedeutete dies für uns auf einmal über gemeinsame Verbindlichkeiten nachzudenken, große Worte wie »lebenslänglich« in den Mund zu nehmen, die sonst nur für eine Ehe gelten, sich bewusst gegenseitige

Korrektur zu erlauben und Unterstützung zuzusagen oder sogar einzufordern. Bei den Überlegungen zu einer EmwAg-Zelle ging es also auch darum, den Moment der beliebigen Freundschaft neu zu gestalten, ohne ihn dabei zu gefährden. Zu diesem Schritt gehört also bei aller Alltäglichkeit der real existierenden Lebensgemeinschaft doch auch eine Portion Mut.

Die eigentlich wichtigen Elemente dieser Zelle sind also nicht der Alltag, die geplanten Treffen miteinander, die gemeinsamen Urlaube, Projekte etc. Das Wichtige dieser Zelle ist die Verbindlichkeit miteinander und füreinander. Wir fühlen uns verbunden und für alle erwachsenen Mitglieder der Zelle verantwortlich, und dies unabhängig vom gesetzlich geregelten Familienstatus.

Für unseren Alltag gilt: Änderungen vorbehalten! Für unsere Verbindlichkeit: Änderungen ausgeschlossen!

Rahel, Vicky und Steffen, Bremen

d) Gemeinsames Leben vor Ort:

Familien und Singles ziehen in dieselbe Straße, denselben Wohnblock und/oder verbinden sich mit ihren christlichen Nachbarn.

Die meisten Mitglieder haben ihre eigene Wohnung, einige leben vielleicht sogar in einer Wohngemeinschaft. Je näher man zusammenwohnt, desto mehr »Pantoffelgemeinschaft« wird möglich, d. h., dass man sich in Hausschuhen besuchen kann. Wenn Christen sich gewinnen lassen, sich verbindlich miteinander auf den Weg zu machen und für die Menschen in ihrer Nachbarschaft zu beten, birgt diese Form große Chancen, über die praktische Nachbarschaftshilfe hinaus Projekte zu realisieren, die in direkter Verbindung mit den Menschen vor Ort stehen. Gleichzeitig gewinnen die Nachbarn einen Einblick in das gemeinsame Leben von Christen. Auch dieses Modell braucht initiative Leitungspersonen, denen es gelingt, Menschen für ein gemeinsames Anliegen zu gewinnen.

Lebensgemeinschaft Looslistraße in Bern
im Stadtteil Bethlehem

Seit 2003 gibt es uns: die Lebensgemeinschaft Looslistraße im Berner Stadtteil Bethlehem. Wir leben in einem Wohnblock, welcher aus acht Wohnungen besteht und dem Gemeindeverband Evangelisches Gemeinschaftswerk gehört. Zu unserer Lebensgemeinschaft gehören weitere Ehepaare, Familien und Singles in einer Wohngemeinschaft. Sie leben ebenfalls in unserem Stadtteil, verteilt auf vier Wohnungen.

Die Gemeinschaft untereinander erleben wir unter anderem beim Mittagessen am Samstag, bei Gebetszeiten und Gottesdiensten am Sonntagabend und spontan auch an anderen Tagen. Im Sommer grillen wir vor dem Haus und laden, wenn möglich, auch Nachbarn ein. Vieles geschieht nicht geplant. Ohne dass wir uns besondere Mühe geben, werden wir als Gruppe von Christen wahrgenommen. Das Haus, in dem nur Christen wohnen, spielt dabei eine große Rolle. Diese Art von Gemeinschaft und das gemeinsame Unterwegssein ist ein starkes Zeugnis für die Menschen in unserem Umfeld.

In unserem Stadtteil leben etwa 60 Prozent Ausländer, viele sind arbeitslos, Jugendliche haben wenig berufliche Perspektiven. Es ist uns ein Anliegen, ihnen das Evangelium weiterzugeben und sozialdiakonisch zur Seite zu stehen.

In der von uns als Projektleiterehepaar geleiteten Ausländerarbeit »Hope« unterstützen wir die Integration von Migrant(inn)en. Angeboten werden Deutschkurse, Hausaufgabenhilfe, spezielle Kurse (PC-Programm-Anwendung, Deutsch), Nachbarschaftshilfe, Begleitung auf Ämter, Jugendarbeit, Coaching und Beratung (weitere Infos: www.hope-bern.ch). Es arbeiten Mitglieder unserer Lebensgemeinschaft und Gemeinde mit, aber auch Personen aus anderen Gemeinden der Region.

Unsere Lebensgemeinschaft hat automatisch eine Ausstrahlung. Das Leben in Gemeinschaft, verbunden mit einem gemeinsamen Engagement für unsere Nachbarn, erleben wir als sehr spannend.

Jakob und Maja Stalder, CH-Bern

e) Häuser-Partnerschaft:

Bewohner von zwei oder mehr Häusern verbinden sich.

Die Mitglieder leben in ihren eigenen Häusern, nutzen jedoch die Vorteile der örtlichen Nähe. Die Partnerschaft kann analog zum oben erwähnten »gemeinsamen Leben vor Ort« von gegenseitiger Nachbarschaftshilfe bis zum Realisieren von gemeinsamen Projekten gehen. Eine darüber hinausgehende Variante ist der Bau von miteinander verbundenen Gebäuden, wie man sie von Diakonissenhäusern und Kommunitäten her kennt.

Häuserpartnerschaft mit unterschiedlichen Verbindungen

Die Diakonischen Hausgemeinschaften Riehen stehen in einer Art Partnerschaft: Drei Häuser, das Fischerhus (unsere Gemeinschaft »Ensemble«), das Sunnehus und der Schärme, haben dasselbe Konzept und deshalb regelmäßige Intervision-Leitertreffen zusammen mit einem Vorstandsmitglied des Trägervereins »Offene Tür«. Die Leiter der Häuser treffen sich zudem wöchentlich zum Gebet im Rahmen des Trägervereins, und etwa alle sechs Wochen im »Leiterkreis« zur gemeinsamen Ausrichtung auf Gott, zum freundschaftlichen Austausch und zum Gebet füreinander. Zu diesem Kreis gehören neben einem befreundeten Ehepaar eine Frau, die eine kleine Wohngemeinschaft leitet, sowie ein Ehepaar, welches regelmäßig Gästezimmer zur Verfügung stellt.

Eines der genannten Häuser, das Fischerhus, teilt mit dem benachbarten Läbeshus den Hof und einzelne Gemeinschaftsräume.

Die Partnerschaft hat hier primär eine organisatorische Dimension, während die Leiter sich darüber hinaus regelmäßig zum Austausch und Gebet treffen. Außerdem unterstützt die »Offene Tür« eine weitere Hausgemeinschaft, das Vis-à-vis. Deren Leiter sind wie die Leiter des Läbeshus ehrenamtlich tätig und freundschaftlich mit den anderen Hausleitern verbunden.

Für alle Bewohner und Bewohnerinnen der erwähnten Hausgemeinschaften gilt die Einladung zum monatlichen Zündpunkt-Gottesdienst mit anschließendem Kaffee und Dessert.

Thomas Widmer-Huber, CH-Riehen

2. HAUSGEMEINSCHAFT:

Jede Person/Familie hat eine eigene Wohnung in einem Mehr-familienhaus.

In einer Hausgemeinschaft leben Familien und Singles in einem Mehrfamilienhaus zusammen, evtl. generationenübergreifend. Denkbar ist auch, dass sich Personen mit einer Wohnung in der Nachbarschaft einbinden (siehe gemeinsames Leben vor Ort). Im Unterschied zu einer Wohngemeinschaft haben die Bewohner(innen) durch die eigene Wohnung mehr Privatsphäre und Freiraum. Die räumliche Nähe schafft jedoch nicht automatisch Gemeinschaft. Wenn man sich eine bestimmte Ausstrahlung wünscht, braucht es eine positive innere Haltung zum Leben in Gemeinschaft, eine gemeinsame Sicht und verbindliche Vereinbarungen. Auch dieses Modell birgt ein großes Potenzial für die gegenseitige Unterstützung in der Nachfolge Christi und für gemeinsame Projekte.

Vier Singles in drei Wohnungen
Anstelle einer riesigen Scheune steht seit 1925 das Familienhaus Rössligasse 9 in Riehen bei Basel. Das Hinterhaus, mit Fachwerkfassade, stammt noch aus viel früheren Zeiten. Familientraditionen wie auch Lebensräume ändern sich, wir suchen entsprechend neue Formen gemeinschaftlichen Lebens. Unsere Hausgemeinschaft, zum Beispiel, setzt sich aus einem Laden, einer Frauenbibliothek,

zwei Ateliers, einem großen Keller, Hof, Garten und drei Wohnungen zusammen. Vier Frauen wohnen hier:

Esther Knecht (58), Pflegeexpertin, Kochkünstlerin, Sängerin, Weltreisende, Skifahrerin ...

Sabine Köbele (53), Pflegefachfrau, Diakonin, Pflanzenpflegerin, Inlineskaterin ...

Caroline Schachenmann (53), Gesundheitsschwester, zweites Mitglied im Drittorden der Kommunität Diakonissenhaus Riehen, Geschichtsfan, Hausmiteigentümerin in dritter Generation ...

Kathrin Wagner (42), Musikerin und Chorleiterin, Seelsorgerin, Malerin, Weltgebetstagsgruppenleiterin ...

Und alle fahren Fahrrad!

Seit zweieinhalb Jahren bewohnen wir zusammen dieses Haus – und hatten bisher noch keinen Streit, nicht einmal wegen der Waschmaschine. Auch wenn es gelegentlich in einer der Wohnungen spät wird, Gäste laut sind oder Musik läuft, wenn jemand schlafen möchte, kommen wir miteinander klar. Es kann passieren, dass eine von uns irgendwo im Haus niest und ein dreifaches »Gesundheit« erklingt. Oder dass das Treppenhaus schon ganz sauber ist, wenn die Hauswartin mit dem Staubsauger anrückt. Eine dekoriert den Gang liebevoll, die andere legt allen einen Gruß aus den Ferien vor die Türe, die dritte lädt alle, die gerade da sind, zu selbst gebackenem Kuchen ein. Einmal monatlich, an einem festen Tag, treffen wir uns offiziell zum Abendessen. Das ist wenig Verbindlichkeit – das finden wir auch. Bisher empfanden wir aber auch keine Notwendigkeit für mehr Strukturen. Es ergeben sich häufig spontane Treffen, die Türen sind offen. So man dies will und sucht, steht dem täglichen Kontakt nichts im Weg. Und doch darf auch der Rückzug sein, die anderen wissen meist um das individuelle Bedürfnis und sind doch in der Nähe.

Speziell an unserem Haus ist die Frauenbibliothek. Seit fünfzehn Jahren sind diese Räume im Parterre fast ausnahmslos jeden Samstagnachmittag geöffnet. Im Sommer sitzen wir im Garten, immer bringt jemand etwas Gutes zum Tee mit, ruhige Gespräche wechseln sich mit lautem Gelächter und heftigen Diskussionen ab. Alle sind willkommen und jeder kann sich einfach dazusetzen. Diese zwanglose und doch verlässliche Form des Zusammenseins wird gerne von Menschen wahrgenommen, die sich über Literatur austauschen möchten, von solchen, die aus Freud und Leid in ihrem Alltag berichten, die viel allein sind oder die verbindlichere Treffen nicht so mögen.

Unsere Hausgemeinschaft erscheint uns selbstverständlich, wenig spektakulär. Sie ist nicht aus einer geplanten Absicht entstanden und fordert zurzeit kaum systematische Strukturen. Zwei von uns sprachen in der über dreißig Jahre dauernden Freundschaft immer wieder einmal von einer erstrebenswerten »Alters-WG«. Zwei sind dazugekommen, ohne das Gewicht einer langen Vergangenheit. Unversehens tat sich die Chance auf, das Haus war da, wir waren bereit.

Wir sehen und erleben jetzt, dass uns eine befriedigende Kombination zwischen Stabilität und Offenheit gelingt, dass wir ein erwachsenes Miteinander üben und dass Eigenverantwortlichkeit sich auch im Gesamten abbildet. So dürfen wir einfach dankbar sein für unsere Hausgemeinschaft!

Caroline Schachenmann, CH-Riehen

Drei Familien seit achtzehn Jahren gemeinsam unterwegs

Wir sind drei Familien und leben in Rothenfluh, einem kleinen Schweizer Dorf in der Nähe von Basel. Dort wohnen wir in einem mit viel Herzblut selbst umgebauten Mehrfamilienhaus mit zwei zusätzlichen Gästestudios und einem Mehrzweck-Gemeinschaftsraum. Jede Familie hat ihre eigene komplette Wohnung, mit einer Tür, die meistens offen ist.

Vor achtzehn Jahren hat uns die Frage zusammengeführt: Was ist möglich, wenn Christen zusammenwohnen? Diese Frage ist erst zum Teil beantwortet, weil noch ein Weg vor uns liegt. Vieles wurde möglich, auch merkten wir, was nicht möglich ist. Und auch das gibt es: Von Zeit zu Zeit stehen wir uns gegenseitig im Weg, kreieren damit »Unmöglichkeiten«, verpassen so Chancen. Das ist normal im Leben. Auch wir sind ganz normale Menschen. Das waren wir auch vor achtzehn Jahren. Menschen, die in Gemeinschaften leben, sind nicht Übermenschen!

Bei uns hat es gepasst. Wir drei Ehepaare wollten das gemein-
same Leben ausprobieren und fanden dazu ein Haus, das für dieses
Projekt von uns selbst (zu neunzig Prozent) umgebaut werden
konnte. »Jeder gibt das, was er kann.« Es waren verschiedene Res-
sourcen vorhanden: Zeit, die nötigen Berufsausbildungen, Schaf-
fenskraft, Geld. Das war unser Lebensstil und zugleich auch ein
starker Motor in der Gründerzeit unserer Gemeinschaft. Ohne
diese Einstellung wären wir nicht so weit gekommen. Bestimmt wa-
ren wir gutgläubig, auch naiv. Und mutig dazu.

Samueltimomatteaannnoemiromyleadamarisjosiadeborapeter-
heidiruthfritzmariannevolker:

Das ist die Summe unserer Namen. Gemeinschaft lebt vom Mit-
einander aller Persönlichkeiten. Jeder hat seinen Platz und seine
Fähigkeiten.

Ein offenes Haus zu haben, war für uns von Anfang an sehr wich-
tig. So haben schon viele Menschen bei uns gewohnt, Gastfreund-
schaft genossen und dabei hautnah erlebt, was es bedeutet, ange-
nommen und geliebt zu sein, so wie man ist. Das galt auch für
unsere Gäste aus der Drogenszene, die für ein Time-out bei uns
gewohnt haben, sowie für Menschen mit psychischen Einschrän-
kungen oder in einer Notsituation. Die Begleitung dieser Menschen
war und ist nur möglich, weil sich die drei Familien gemeinsam
einbringen.

Miteinander sind wir stark an Muskelkraft, Ideenreichtum, Finan-
zen und Liebe. Diese Stärken sind in viele Projekte geflossen und
haben bleibende Spuren hinterlassen. Einige davon seien hier ge-
nannt:

– Freistellung eines Ehepaares für die Jugendarbeit über mehrere
* Jahre,*
– Förderung und Unterstützung der Jungschararbeit,
– Angebot für verschiedene Menschen, bei uns vorübergehend ein
* Zuhause zu haben,*
– Unterstützung von sozialen Projekten und von Menschen: prak-
* tisch, finanziell und im Gebet,*
– unkompliziertes, gegenseitiges Kinderhüten,
– schnelle und ganz praktische Hilfen im Alltag.

Wir drei Familien haben sehr viel Schönes und Wertvolles miteinander erlebt. Unsere zehn Kinder sind wie (Halb-)Geschwister aufgewachsen, mit allen Rangeleien und was eben dazugehört. Sie haben drei Frauen in ihrer Mutterrolle und drei Männer in ihrer Vaterrolle gesehen und von dieser Vielfalt profitiert. Wir haben verschiedene Erziehungsstile, doch niemand hat sich eingemischt. Ich habe große Freude an unseren Kindern und bin auch stolz auf sie. Mittlerweile sind uns die »Jungen« in manchen Bereichen zum Vorbild und zur Ermutigung geworden.

Momentan läuft es bei uns nicht rund. In gewisser Weise holt uns in verschiedenen Bereichen die Vergangenheit ein. Zudem möchten wir auch unsere Zukunft planen. Bestimmte Themen haben wir nicht oder nicht gründlich genug miteinander besprochen und geregelt. Das tut zum Teil sehr weh und geht an das Lebendige.

Nachholbedarf haben wir unter anderem beim Thema Finanzen, wo wir uns extern beraten lassen. Zudem sind wir drei Ehepaare alle um die 50 Jahre alt, also in einem Lebensabschnitt, in dem noch einmal sehr intensiv reflektiert wird. War mein Leben so, wie ich mir das vorgestellt habe? Können für die Zukunft noch einmal Prioritäten gesetzt werden? Es darf also immer noch geträumt werden. Auf diesem schwierigen Wegabschnitt coacht uns seit zwei Jahren ein Ehepaar. So sind wir also wieder am Suchen der gemeinsamen Wohn- und Lebensform, die zu uns passt.

Nun habe ich trotz vieler Worte nur einen kleinen Einblick in unsere Familiengemeinschaft geben können. Menschen, die sich für unsere Wohnform interessieren, sind herzlich eingeladen, mit uns in Kontakt zu treten. Gerne teilen wir unsere wertvollen Erfahrungen mit anderen Menschen. Kontakt: fritz.roehm@gmx.ch.

Auch wenn es nicht immer einfach ist, als Gemeinschaft miteinander zu leben: Ich würde es noch einmal wagen!

Fritz Röhm, CH-Rothenfluh

3. WOHNGEMEINSCHAFT:

Man teilt ein Haus oder eine Wohnung.

In einer Wohngemeinschaft teilen mehrere Singles oder eine Familie zusammen mit Singles eine Wohnung oder ein Haus. Sie benutzen Küche, Wohnzimmer und Bad gemeinsam, einigen sich, wie die Miete aufgeteilt wird, und organisieren das Nötigste, zum Beispiel bezüglich Reinigung und Abfallentsorgung. Die räumliche Nähe ermöglicht spontane Begegnungen, man braucht andererseits die Rückzugsmöglichkeit in das eigene Zimmer oder den eigenen Wohntrakt. Gemeinsam wohnen heißt noch nicht gemeinsam leben. Wenn die Mitglieder sich wirklich miteinander auf den Weg machen wollen, werden sie regelmäßig füreinander oder miteinander kochen, zusammen essen und vereinbaren, wie oft sie sich zum Gebet und sonstigen gemeinsamen Unternehmungen treffen wollen. In diesem Sinne ergeben sich große Chancen, einander in der Nachfolge Christi zu unterstützen, Gastfreundschaft zu leben und ggf. gemeinsame Projekte in Angriff zu nehmen.

Denkbar ist auch die Variante, dass nur der Kern einer WG aus Christen besteht. Durch diese Konstellation bieten sich viele Möglichkeiten, dass ganz unterschiedlich geprägte Menschen und deren Umfeld einen Einblick in das Zusammenleben von Christen gewinnen. So ergeben sich auf natürliche Art und Weise Gespräche über Gott und die Welt. Die Wohngemeinschaft kann sich erweitern, wenn jemand eine Wohnung in der Nachbarschaft hat, sich jedoch verbindlich in das gemeinsame Leben einbringt.

Drei Singlefrauen, die gemeinsam ein Haus gemietet haben – eine weitere EmwAg-Zelle

Unser Weg in ein gemeinsames Haus dauerte ca. fünf Jahre. Er führte über verschiedene Etappen zu dem hin, wie es jetzt ist.

Unsere Gemeinsamkeit am Anfang: Wir zogen kurz nacheinander nach Cuxhaven, hatten dort unseren neuen Wohnort und dieselbe Arbeitsstelle. Durch die Arbeit lernten wir uns mehr oder weniger gut kennen. Wir kamen aus sehr verschiedenen Hintergründen und hatten zu Beginn sehr unterschiedliche Meinungen zum Thema Gemeinschaft. Zweien von uns war gemeinschaftliches Leben vertraut. Sie hatten es schon auf unterschiedliche Weise erlebt und trugen so eine Grundsehnsucht in sich. Für mich war Gemeinschaft nie ein Thema gewesen. Ich genoss vor allem die Vorteile einer eigenen Singlewohnung.

Sehnsucht bewegt zum Suchen, und so begann es auch. S. und K. machten sich mit einer Familie auf den Weg. Doch ihre Bemühungen verliefen im Sande. Zwei Jahre später kam erneut die Idee auf. Dieses Mal stieg ich mit ein in das Boot. Zu sechst machten wir uns auf die Suche.

Wir fingen an, Gemeinschaft zu leben, und hielten Ausschau nach gemeinsamem Wohnraum. Die Vorstellungen gingen dabei sehr weit auseinander, von einer jeweils eigenen Wohnung in einem Haus bis zum WG-Leben. Wir malten unser Traumhaus, schauten unsere Bedürfnisse an und machten uns dann intensiver auf die Suche nach einem passenden Objekt. Unsere Vorstellungen und die Realität des Wohnungsmarktes prallten immer mehr aufeinander. Unser Traum zerplatzte, und wir legten ihn erst einmal wieder nieder. War wohl doch nichts ...

Doch in dieser Zeit kam auch etwas Neues auf. Astrid Eichler veranstaltete hier in Cuxhaven eine EmwAg-Tagung. Dort schnupperten wir drei Singlefrauen, mittlerweile ohne das Ehepaar, rein. Nach meinem anfänglichen Zögern hatte ich jetzt ein absolutes Ja zu diesem gemeinschaftlichen Weg gefunden. Und plötzlich änderte sich einiges: Wie durch ein Wunder stand das passende Objekt da. Eine Tür war aufgegangen. Wir gingen hindurch.

Es ist total bereichernd. Jede von uns musste auf dem Weg zum gemeinsamen Haus etwas lernen: geduldig sein und warten, bereit sein, sich auf Neues einzulassen, auch bei Niederlagen erneut aufbrechen, auf Gott hören. Für mich persönlich das Wichtigste: in die Stille gehen, Gott fragen und dann eine Entscheidung treffen, mit ganzem Herzen dabei sein.

Wir drei sind das Wagnis eingegangen, haben unsere eigenen vier Wände eingetauscht gegen ein gemeinsames Haus. Das hieß loslassen von so manchem. Wir haben drei Haushalte zu einem reduziert. Nicht so einfach, die Frage: »Wer darf was wohin stellen?«

Wir konnten uns gut einigen. Kompromisse musste dabei jede eingehen. Noch sind wir dabei, die Räume und den großen Garten zu gestalten. So wie die Gemeinschaft wächst, so wächst auch das gemeinsame Flair des Hauses und Grundstückes. Es ist im Werden.

»Es ist nicht gut, dass der Mensch allein sei« – das konnten wir schon in den ersten Tagen im Haus sehr praktisch erleben: Die Spülmaschine sollte das erste Mal in Betrieb genommen werden. S. drehte den Wasserhahn auf. Eine riesige Fontäne spritzte ihr entgegen und in die Küche. Sie versuchte, sie mit bloßen Händen möglichst niedrig zu halten. Der Abstellhahn war im Keller. Nur ein Hilferuf konnte retten. K. sprang herbei und in den Keller. Die Überschwemmung war verhindert.

Ja, so ein Haus hält viele Überraschungen bereit. Und es ist einfach toll, sich nicht allein damit herumzuschlagen.

Für unser Zusammenleben haben wir ein paar einfache Strukturen gefunden. Neben den ganz praktischen Fragen wie z. B. »Wann wird geputzt?« haben wir ein gemeinsames Konto für die Ausgaben im Haus eingerichtet. Alles andere wird persönlich bezahlt, und jede bringt mal das eine oder andere mit.

Um unsere Gemeinschaft zu fördern, haben wir einen gemeinsamen Abend in der Woche geplant. Diese Abende sehen sehr unterschiedlich aus: gemeinsam essen, reden, etwas unternehmen oder auch füreinander beten. Daneben findet vieles sehr spontan statt – wie ein Candle-Light-Sommerabend im Garten, Kuchen essen im Freien, Apfelmus kochen von unseren eigenen Äpfeln oder im Winter in Decken eingehüllt zusammen im Wohnzimmer sitzen und heißen Tee trinken. Weihnachten, das Fest der Familie: Wir haben dieses Fest in unserer Wohngemeinschaft zusammen gefeiert und es war richtig schön.

Spannend und toll ist es auch, Gäste hier zu haben. Sie sollen sich wie zu Hause fühlen. Da jede von uns ihre Rückzugsmöglichkeit, ihr eigenes Zimmer, hat, funktioniert das auch gut.

Dass wir drei im gleichen Betrieb arbeiten, ist manchmal nicht so einfach. Wir müssen aufpassen, dass wir unsere Arbeit nicht mit nach Hause bringen und dass sie nicht unser Gesprächsmittelpunkt wird. Daher ist es wichtig und gesund, dass wir neben der Arbeit und unserer Gemeinschaft auch externe Beziehungen pflegen.

Wir sind auf unserer gemeinsamen Entdeckungsreise noch am Anfang, doch eins können wir jetzt schon sagen: Es lohnt sich! Es ist bereichernd, manchmal auch herausfordernd – doch unsagbar gut.

Schritte wagen in ein neues Land – wir sind aufgebrochen, haben lange gesucht, manchen Rückschritt in Kauf genommen, doch nicht aufgegeben. Und jetzt erobern wir das Land weiter, schauen, was Gott uns vor die Füße legt, und genießen die Zeit miteinander.

Drei Frauen aus Cuxhaven

Familien und Singles zusammen unterwegs:
Christliche Lebensgemeinschaft Basivilla
Die Basivilla wurde 1996 von Mark und Silvia Fels gegründet. Eine prägende Inspirationsquelle war und ist die Jesus Fellowship in Großbritannien (www.jesus.org.uk).

Unser Name Basivilla geht zurück auf die Zeit, als die Vineyard Bern, zu der wir uns zählen, noch Basileia hieß. Basileia bedeutet »Königreich«, im biblischen Zusammenhang auch »Reich Gottes«. »Villa« bedeutet laut Lexikon »frei stehendes Landhaus«. Dieser Begriff passt zu unserer Vision: Wo Gottes Geist wohnt, ist viel Raum vorhanden für die Entfaltung von neuem Leben. Da ist ein weites, schützendes Dach, das großzügige Räume birgt, und von hier aus kann man ins Weite ausschwärmen. Das kann unser berufliches Umfeld sein, die Nachbarn, Hilfe suchende Menschen um uns herum etc. Dort haben wir als Christen unseren Auftrag.

In den vierzehn Jahren unseres Bestehens sind wir zweimal umgezogen, hatten zeitweise drei Wohngemeinschaften und lebten mit etwa 150 Menschen über kurze oder längere Zeit zusammen. Zurzeit (im Frühling 2010) sind wir drei Familien und fünf Singles, die alle in einem großen Bauernhaus wohnen. Seit dem Umbau des Hauses haben wir noch zusätzlichen Wohnraum gewonnen, sodass zusätzlich zu den drei Familien bis zu zehn Singles mitleben können. Gerne hoffen wir auf weiteren Zuwachs.

Es ist uns extrem wichtig, dass die Singles eine vollwertige Stellung innerhalb der Gemeinschaft haben. Wir glauben sogar, dass es von Gott her für bestimmte Menschen eine Berufung zum Ledigsein gibt. Auch Leiterschaft muss sich keinesfalls auf Verheiratete beschränken. Singles sollen in der Basivilla nicht einfach »Familienanschluss« haben, sondern gemäß ihrem Stand, sei er vorübergehend oder langfristig, ihren Beitrag leisten und ihre Verantwortung und Begabung ausleben.

Obwohl wir immer wieder Menschen bei uns haben, die in herausfordernden Lebensumständen stehen, wollen wir dennoch auf keinen Fall als »Therapiestätte« oder etwas Ähnliches gelten. Im Gegenteil: Wir versuchen, ganz normales christliches Leben miteinander zu gestalten. Und das hat vor allem mit einem zu tun: Liebe! Oder anders ausgedrückt: mit Beziehung. »Ein Christ allein ist kein Christ«, heißt es nicht zu Unrecht. Unser Herr setzte die Gemeinde ein, die Gemeinschaft der Herausgerufenen, der Jünger Jesu. In dem Sinne verstehen wir uns als Gemeinde, nicht nur als Wohngemeinschaft. Zusammen mit weiteren Vineyardlern in Ostermundigen bilden wir ein Beziehungsnetz von Jüngern, eine Art »Gemeinde in der Gemeinde«. Wir versuchen, lokal vor Ort, zu Fuß nur fünf Minuten voneinander entfernt, den Alltag miteinander zu teilen. Die Basivilla-Gemeinschaft, die engere Hausgemeinschaft, bildet den Kern und ist eine Art Plattform für Beziehungen und Dienst.

Wir verstehen uns klar als Dienstgemeinschaft im Reich Gottes und versuchen daher immer wieder, unsere Kräfte auf gemeinsame Aktivitäten zu konzentrieren. Seit Längerem ist die Arbeit unter den Ausländern und Kindern in Ostermundigen ein wachsender

Schwerpunkt, den wir von Gott her als unser Aufgabenfeld erkennen.

Unser Alltag enthält verschiedene Fixpunkte, an denen sich das gemeinsame Leben kristallisiert:
- das tägliche gemeinsame Abendessen,
- das wöchentliche Frühgebet (Montag), das Ostermundigengebet (Dienstag), der Hausabend (Mittwoch), die Bibelstunde (Samstagmorgen),
- das monatliche Gemeinschaftswochenende (Samstag Arbeitseinsatz im und am Haus, Sonntag Gottesdienst im Haus mit anschließendem gemeinschaftlichen Freizeitprogramm),
- die jährliche gemeinschaftliche Herbstferienwoche.

Daneben organisieren wir immer wieder Events wie Grillfeste und Ähnliches, um mit den Menschen um uns herum in Kontakt zu treten, und haben natürlich selber auch viel Spaß dabei!

Unsere Werte sind auf unserer Homepage nachzulesen (siehe www. basivilla.ch). Zudem findet man dort immer wieder aktuelle Berichte und Veranstaltungshinweise.

Pierre Senglet, CH-Ostermundigen bei Bern

Drei Singlefrauen, die seit über zwanzig Jahren ihr Leben, ihre Küche und ihr Auto teilen

»Gemeinsam sind wir stark! Ja, wir sind zu beneiden. Gemeinsam wollen wir den Weg mit Jesus gehen ...«, heißt es in einem Kinderlied. Das ist der Fokus: gemeinsam mit Jesus.

Um das zu verstehen, muss man unsere Wurzeln kennen: Wir – Birgit Kenner, Jahrgang 1956, Ingeborg Geiger, Jahrgang 1958, und Gudrun Stellwag, Jahrgang 1959 – waren zwar in unterschiedlichen Jahrgängen, aber zur selben Zeit im Theologischen Seminar in Adelshofen (Fachschule der ev. Kirche in Baden). Träger der Ausbildung ist eine in den 60er-Jahren entstandene Kommunität.

Das gemeinsame Leben ist ein wesentlicher Schwerpunkt der Ausbildung, in der es nicht nur um theologische Fakten geht, sondern um die Umsetzung im Alltag. Leben teilen konkret: Zimmer, gemeinsame Mahlzeiten, Unterricht, praktische Aufgaben in Küche und Haus, Dienste (Kinderstunden, evangelistische Einsätze, Seminare ...).

Nach der Ausbildung ging es für uns erst einmal ganz anders weiter. Jede war in einer Kirchengemeinde als Gemeindepädagogin angestellt, eigene Wohnung, eigenes Auto ...

Als Folge von monatlichen Treffen wurde der Wunsch stärker, mehr miteinander zu machen. Sehr angesprochen waren wir von der Art und Weise, wie im Neuen Testament von Teamarbeit und gemeinsamem Leben die Rede ist. Was ist heute umsetzbar? Als »normale« Christen gemeinsam leben, geht das?

Nach einer Anlaufphase beschlossen wir, eine Testphase von zwei Jahren zu wagen – mit gemeinsamer Wohnung, gemeinsamer Kasse und gemeinsamem Auto. Anders wäre es ganz praktisch nicht finanzierbar gewesen. Nach dieser Zeit stand für jede von uns fest, dass man die Sache durchaus verlängern könnte, und seitdem (1988) sind wir gemeinsam unterwegs.

Grundlage für unser gemeinsames Leben ist Matthäus 6,33: Gebt Gott und seiner Sache den ersten Platz in eurem Leben, dann wird er euch schon mit all dem anderen versorgen. Und das Versprechen aus Johannes 13,35, dass die Welt an unserem Leben erkennt, dass er lebt.

Ein wesentlicher Punkt war es, uns eine geistliche Ordnung zu geben. Zum Beispiel:
– eine tägliche Gebetszeit,
– eine gemeinsame Kasse (inklusive Taschengeld zur freien Verfügung),
– persönliche Seelsorge,
– gemeinsame geistliche Begleitung,
– ca. zwei Stille-Wochenenden im Jahr.
Unser Konzept beruht auf dem »Zeltmacherprinzip« von Paulus. Das heißt, wir verdienen uns durch Teilzeitarbeit unseren Lebensunterhalt, um frei zu sein für »Gottes Sache«. Gottes Sache ist bei uns derzeit das gemeindliche Engagement in verschiedenen Bereichen in einer Großstadtgemeinde und in persönlichen Beziehungen.

Unser Fazit: Es ist einiges ins gemeinsame Leben zu investieren: Verzicht auf Unabhängigkeit, z. B. Auto, Finanzen. Der Gewinn ist

ungleich größer und wiegt mehr als alles auf: Zugehörigkeit, Gebor-
genheit trotz knallharter Zeiten. Aber je länger, umso intensiver und
schöner.

Birgit Kenner, Ingeborg Geiger, Gudrun Stellwag, Leipzig

Und noch was Anderes: Es kann auch danebengehen ... und trotzdem gut werden!

Aufgewachsen bin ich in einem offenen Haus mit vielen Gästen. Umso mehr vermisste ich in meinem Single-Haushalt diese leben- digen Begegnungen. Ich hatte eine schöne Wohnung und nette Ver- mieter im Haus. Aber nie kam jemand spontan vorbei. Ich begann, mich sehr einsam zu fühlen. Dies lag vor allem daran, dass ich nicht gut mit mir allein sein konnte. Wenn man sich selbst verlässt, fühlt man sich wirklich verlassen. Nur in der Begegnung mit anderen war dieser Zustand aushaltbar. Ich merkte: Es war Zeit für eine Verände- rung, sonst würde ich stagnieren, und das wäre die erste Stufe zum Rückschritt.

So beschloss ich, Leute für eine WG-Gründung zu suchen. Das Buch »Es muss was Anderes geben« hatte mich dazu ermutigt. Ich dachte: Wer nicht anfängt, kommt auch nirgendwo hin.

Einen ernst zu nehmenden Kontakt bekam ich über christliche Internetseiten, traf mich mit der jungen Frau und fand sie sym- pathisch. Ähnliche Interessen konnten wir schnell feststellen. Da in meiner Gegend Mieten nicht so hoch sind, suchten wir ein klei- nes Häuschen und fanden bald eines: weiß mit blauen Fensterlä- den und einem großen Garten.

Ich verliebte mich auf den ersten Blick und auch meiner zukünf- tigen Mitbewohnerin gefiel es. Bald merkte ich jedoch, dass sie kaum zu Absprachen bereit war und nicht gerade zuverlässig, was Termine anbelangte. Ich bin dagegen sehr strukturiert und plane gerne. Nun sagte ich mir, dass jeder andere Stärken habe und dass ich die andere nehmen wolle, wie sie war. Dennoch hatte ich ein ungutes Gefühl. Da mir aber Veränderungen meist schwerfallen, wollte ich es dennoch wagen. Ich hatte viele Befürchtungen, gab ich doch ein funktionierendes System auf und wagte den Sprung in Unberechenbares.

Zunächst war ich alleine im Haus, bis meine Mitbewohnerin an ihrem dritten Einzugstermin tatsächlich kam. Dann lief es ganz nett an, auch wenn ich sie nur wenig sah. Die ganze Zeit über war ich krank und wurde einfach nicht gesund. Meine Mitbewohnerin war wegen einer Stelle in einem christlichen Werk in die Gegend gezogen. Doch dann bekam sie diese Stelle nicht. Ernsthafte Bemühungen um eine andere Arbeit konnte ich nicht sehen.

Ich machte mir Sorgen, da wir ja nun gemeinsam Miete zahlen mussten. Sprach ich sie darauf an, bekam ich Antworten, die ich für nicht so erwachsen hielt. Und sie wiederum warf mir vor, mich wie eine Lehrerin zu benehmen. Nebenkosten bezahlte sie gar nicht – was ich merkte, als plötzlich Mahnungen ins Haus flatterten.

Es war Zeit für eine Auseinandersetzung. So etwas fällt mir sehr schwer. Doch hier ging es um Tatsachen: Sie wohnte, ich bezahlte. Nach dem Gespräch fuhr sie wie geplant zu ihrer Mutter – um nie wiederzukommen.

Unterwegs bediente sie sich noch großzügig an unserem Hauskonto. Mir überließ sie den Rest: alle Kosten, Gespräche mit dem Vermieter, alle Arbeit und viel Stress! Meine schlimmsten Befürchtungen wurden bei Weitem übertroffen. Doch ich erlebte: Denen, die Gott lieben, sollen alle Dinge zum Besten dienen! (vgl. Römer 8,28).

Zum ersten Mal hatte ich es geschafft, in einer Auseinandersetzung standzuhalten und bei mir zu bleiben. Das bewirkte große Veränderungen in mir: Ich wurde gesund, kann seitdem gut mit mir alleine sein, genieße das Haus und vor allem den Garten. Ich weiß nicht, wie ich all die Arbeit und die Kosten schaffe, aber es geht! Und ich bin sehr vergnügt.

Zu Ostern wagte ich mich das erste Mal auf eine Single-Freizeit und lernte dort meinen heutigen Freund kennen. Ich staune nur, was Gott in meinem Leben, erst innerlich und dann so sichtbar äußerlich getan hat. Mit Psalm 16,6 kann ich sagen: »Mein Erbe gefällt mir.«

S. M.

Kapitel 4

Gut begonnen ist halb gewonnen – Innere Klärung und Schritte auf dem Weg

Thomas Widmer-Huber

Ob eine Sache gelingt, erfährt man nicht, wenn man nur darüber nachdenkt, sondern wenn man es versucht.

Paul Mori, Schweizer Gründer

Es gibt viele Möglichkeiten für gemeinschaftliches Leben, einige Beispiele haben wir vorgestellt. Wir möchten Sie dazu ermutigen, Ihren eigenen Weg zu finden und selbst kreativ zu werden. Im Gründungsprozess einer neuen Gemeinschaft stellen sich unterschiedliche Fragen und Herausforderungen. Das folgende Kapitel soll Ihnen dabei helfen, Ihren Traum zu konkretisieren, zu klären, was genau Sie sich vorstellen bzw. was zu Ihnen passt, und erste Schritte zur Umsetzung zu gehen.

Menschen in einem Gründungsprozess empfehlen wir die Beschäftigung mit den biblischen Aposteln und Propheten. Vielfältige Inspiration bekommt man auch durch apostolische Menschen im Laufe der Kirchengeschichte. Das Lesen von Biografien und das Gespräch mit Gründungspersonen unserer Zeit gibt ebenfalls ermutigende Impulse.

Im Blick auf den Bau der Gemeinde nennt Paulus in Epheser 2,20 neben den Aposteln die Propheten. Offenbar waren zu jener Zeit bei Gründungen Propheten beteiligt. Einen entsprechenden Hinweis haben wir auch in Apostelgeschichte 13,1-2. Dort lesen wir, dass es in der Gemeinde Propheten und Lehrer gab und dass der Heilige Geist während des Gottesdienstes sprach. Barnabas und Paulus ließen sich daraufhin aussenden und gründeten Gemeinden. Analog ist es unseres Erachtens auch heute sinnvoll, dem prophetischen Element nach Möglichkeit Raum zu geben, wenn man konkret daran denkt, eine Gemeinschaft aufzubauen.[20]

Dabei geht es primär um das Gebet um Gottes Führung und die Offenheit, dass Jesus seine Gegenwart durch seinen Geist dort offenbart, wo zwei oder drei in seinem Namen zusammen sind (vgl. Matthäus 18,20). In der Folge lassen sich Christen durch biblische Worte neu ansprechen und in Bewegung setzen – vielleicht auch durch Träume und Visionen, die in der Gemeinschaft geprüft werden. Wir sind überzeugt: Auf unterschiedliche Art und Weise inspiriert der Heilige Geist auch heute noch zu Gründungen. Gott sieht uns Menschen als Gegenüber, als seine Ebenbilder. Im Psalm lesen wir, dass Gott uns »mit Ehre und Herrlichkeit gekrönt« hat (vgl. Psalm 8,6). Als Gottes Ebenbilder dürfen auch *wir* schöpferisch und gründend tätig sein!

Ablauf im Prozess einer Neugründung

Der *Prozess einer Neugründung* läuft immer sehr ähnlich ab. Peter Schäublin, Gründer und Begleiter verschiedener Firmen und christlicher Einrichtungen, nennt sechs Phasen[21]:

1) **Entstehung der Idee oder Vision:** Alles beginnt mit der Sehnsucht (auch Initialphase genannt).
2) **Teambildung, Reifung der Idee oder Vision:** Den Fisch nicht alleine aus dem Wasser ziehen (auch Klärungsphase genannt).
3) **Strukturierung**: Die Vision konkretisieren, die Kernwerte und Zielgruppe definieren, das Fundament bilden (auch Projektierungsphase genannt).

---

20 Vgl. Jens Kaldewey: *Die starke Hand Gottes. Der fünffältige Dienst*, Koinonia Verlag, Oberweningen 2001, S. 72.
21 Peter Schäublin, »Grundsätzliches zum Gründen«, in: *Zeitschrift Focusuisse Report* Nr. 4/2002, S. 21–23; vgl. auch Thomas Widmer-Huber, *Systemische Beratung von Pionieren mit christlichem Hintergrund*, S. 6–7.18, veröffentlicht auf: www.offenetuer.ch/Fachstelle.

4) **Festlegung der rechtlichen Form und des Auftritts:** Kleider machen Leute (auch Umsetzungsphase genannt).
5) **Gründungsfeier** im Stillen oder mit viel Trara: Das Kind ist geboren.
6) **Wachstum und Veränderung:** permanente Kontrolle der Kernwerte und Überprüfung der Veränderungen innerhalb der Zielgruppe.

Einen Prozess der Neugründung kann man auch mit *Projektphasen* beschreiben: Im Folgenden soll es hauptsächlich um die Initialphase, die Klärungsphase, die Projektierungsphase und die Anfänge der Umsetzungsphase gehen. Natürlich werden je nach persönlicher Situation unterschiedliche Herausforderungen auf einen zukommen. Wer zum Beispiel ein Hausangebot erhält, erste Ideen entwickelt und nach Interessenten zum Mitleben Ausschau hält, beginnt mit anderen Fragestellungen als eine Gruppe, die nach einem längeren gemeinsamen Unterwegssein eine geeignete Liegenschaft sucht. Je nach Projekt werden die Phasen anders aussehen und kürzer oder länger dauern. Und einige Themen sind in mehr als einer Phase relevant.

1. Initialphase

In der Initialphase entsteht die zündende Idee. Sie ist der Auslöser für eine Gründung. Auslöser von etwas Neuem kann eine Sehnsucht sein, ein Wunsch, ein Bedürfnis, eine Not, Gottes Reden, ein Bibeltext, ein Buch, ein Vortrag, eine Begegnung mit einer interessanten Persönlichkeit oder ein anderes Ereignis. Dieser Auslöser hat es in sich, lässt mich nicht mehr los und setzt mich schließlich in Bewegung. Ich denke vertieft darüber nach, beginne, mit Freunden zu beten, und mache mich auf den Weg.

Erste Schritte auf dem Weg zur inneren Klärung

Information und Einblick gewinnen
- durch Literatur und das Internet (siehe auch die Empfehlungen am Ende dieses Buches),
- durch Besuche bei verschiedenen Gemeinschaften,
- durch das Mitleben in einer oder mehreren Gemeinschaften für kurze Zeit.

Das Gespräch suchen mit
- Gott,
- Freunden, Familienmitgliedern, Seelsorgern, Kleingruppen- und Gemeindeleitern,
- Gemeinschaftsleitern von unterschiedlichen Modellen.

In diesem Prozess wird sich zeigen, ob sich die Idee oder Vision bestätigt, ob noch eine gewisse Vorbereitungszeit sinnvoll ist – etwa verbunden mit einer Ausbildung – und welche zusätzliche Klärung nötig ist.

2. Klärungsphase

Nach der Initialphase folgt eine Phase der vertieften Klärung. Grundlegende Fragen werden thematisiert und Gebetspartner werden gesucht. Für einen Teil der Fragen werden Beratungspersonen hinzugezogen, unterschiedliche Möglichkeiten werden gegeneinander abgewogen, es werden Weichen gestellt. Auch diese Phase ist sehr spannend.

Wenn wir Sehnsucht nach gemeinschaftlichem Leben bekommen, stellt sich zunächst die Frage nach der **Motivation**: Was motiviert mich? Will ich meiner Einsamkeit entrinnen? Brauche ich andere Menschen, um meine Pläne zu verwirklichen? Möchte ich ein Zuhause mitgestalten oder mich in einem Projekt einbringen? Will ich mich mit ganz normalen Menschen auf den Weg der Nachfolge Jesu begeben?

Als Nächstes sollte ich mir einige weitere Fragen stellen:

Innere Klärung: Was will ich?
Was ist meine Sehnsucht und Vision?

Im Blick auf den Aufbau eines Gemeinschaftsmodells stellen sich konkrete Fragen, die in einem ersten Schritt persönlich und dann mit anderen zusammen bewegt werden:
– Was will ich?
– Was entspricht mir, meiner Sehnsucht und Vision?
– Was ist mir aus dem Gebet, aus dem Lesen der Bibel und aus meiner Lebenserfahrung wichtig geworden? Was hat Gott mir aufs Herz gelegt?
– Was ist für mich das Minimum und unverhandelbar? Worauf möchte ich auf keinen Fall verzichten?

Dazu kommen weitere Fragen:
– Will ich mit Singles Gemeinschaft leben oder (auch) mit Ehepaaren/Familien?
– Was entspricht mir eher: eine kleine Zelle, ein überschaubares Haus oder eine Gemeinschaftsform mit mehreren Wohnungen?
– Möchte ich ausschließlich mit Christen zusammenleben? Oder soll nur der Kern aus Christen bestehen?
– Wie viel Wohnraum brauche ich?
– Wie sehen meine finanziellen Möglichkeiten aus, wie flexibel bin ich räumlich gesehen?
– Geht es primär um die gegenseitige Unterstützung in der Nachfolge Jesu, allenfalls mit einem offenen Haus und mit der Option, dass ein Dienst daraus entstehen kann? Oder steht ein spezifischer Auftrag im Zentrum?
– Wie viel Gemeinschaft möchte ich? Wie wichtig ist mir das gemeinsame (liturgische) Gebet, wie wichtig das regelmäßige gemeinsame Essen?
– Welche (ethischen) Werte sind mir wichtig, was im Blick auf den Lebensstil?

- Welche Themen sind mir besonders wichtig? Wo bin ich bereit, mich anzupassen?
- Was erhoffe ich mir?
- Hatte meine Idee genügend Zeit zum Reifen? Oder kommt die Vision eher aus der Impulsivität?
- Gibt es einen inneren Zusammenhang zwischen der Idee und meiner Persönlichkeit, meiner Berufung? Oder habe ich eine fremde Idee importiert?
- Was macht mir Angst? Wie gehe ich mit meiner Angst um? Welche Schritte unternehme ich?
- Schließe ich mich einer bestehenden Gemeinschaftsform an oder suche ich Mitstreiter zur Gründung von etwas Neuem?

Wie man reagieren kann, wenn man von jemandem angefragt wird:

Wer von jemandem angefragt wird, ob er oder sie sich beim Aufbau eines Gemeinschaftsmodells beteiligen will, kann sich an obigen Fragen orientieren. Dazu sollten folgende Überlegungen kommen:

- Entspricht die Anfrage meiner Sehnsucht? Oder habe ich eine andere Vision und suche selbst Mitstreiter?
- Kann ich mich auf neue Ideen einlassen? Wo kann ich Kompromisse machen?
- Erhalte ich genügend Raum, mich einzubringen?

Um diese Fragen zu klären, macht man sich am besten mit anderen gemeinsam auf den Weg. Dabei ist die Vereinbarung einer Frist empfehlenswert. Nach einem bestimmten Zeitraum kann man eine Standortbestimmung machen und sich neu entscheiden.

Verbindliche Gebetspartner suchen

In der Klärungsphase gewinnt auch das Gebet an Bedeutung. Wir haben bei mehreren Gründungsprozessen erfahren, dass es sich lohnt, in die »Gebetsarbeit« zu investieren, auch wenn man eigentlich keine Zeit dafür hat.

- Wer kommt als Gebetspartner infrage? Gibt es Personen, mit welchen man bisher gebetet hat, oder andere bzw. neue Mitstreiterinnen und Mitstreiter?
- Wie häufig trifft man sich zum Gebet?

Zum Grad der Verbindlichkeit: vier Stufen

Bei der Gründung eines Gemeinschaftsmodells oder bei einer späteren Neuorientierung ist auch die Frage nach dem Grad der Verbindlichkeit und dem Ort der Zugehörigkeit wichtig. Wozu bin ich bereit? Was höre ich als Gottes Reden? Was strebe ich an? Diese Fragen stellen sich umso mehr aufgrund der Erfahrung, dass bei engagierten Christen eine Art Zentrifugalkraft wirkt. Alle sind neben dem Beruf ehrenamtlich in einer Gemeinde tätig, manche noch in einem christlichen Werk und haben Termine außer Haus. Die räumliche Nähe bewirkt nicht automatisch größere Verbindlichkeit. Man kann im selben Haus zusammenwohnen, aber faktisch weniger Gemeinschaft pflegen als andere Personen, die nicht zusammenwohnen, aber zum Beispiel vereinbart haben, dass sie sich wöchentlich einmal zum Gebet und zweimal zum Essen treffen.

Vereinfacht gesagt gibt es vier Verbindlichkeitsstufen:
1. Mehr oder weniger verbindliche Gemeinschaft: mit Freunden, in der Gemeinde, in der Nachbarschaft, im Stadtteil oder im Rahmen einer Haus- oder Wohngemeinschaft. Das könnte z. B. auch eine EmwAg-Gruppe sein.
2. Verbindliche Zugehörigkeit zu einer bestimmten Gruppe (z. B. einer EmwAg-Zelle).
3. Zugehörigkeit zu einer Lebensgemeinschaft mit kommunitären Zügen.
4. Zugehörigkeit zu einer Kommunität mit ledigen Personen oder Familien. Die Mitglieder gestalten ihr Christsein nach einer verbindlichen Regel, zu welcher auch Formen von Gütergemeinschaft gehören.

Bei den Stufen sind Überschneidungen möglich, man kann verbindlich zu einer bestimmten Gruppe gehören und natürlich gleichzeitig in einer Gemeinde Mitglied sein.

Bei den zwei letztgenannten Gemeinschaftsformen gibt es für die Mitglieder andere Verbindlichkeiten als für Personen, die vorübergehend mitleben. Einige Kommunitäten ermöglichen die Verbindung über den »Drittorden«[22].

Entsprechend der Biografie ergeben sich Veränderungen. Der Verbindlichkeitsgrad kann im Lauf des Lebens abnehmen oder zunehmen, etwa bei einer Heirat oder bei einem Wechsel von einer Hausgemeinschaft in eine Zelle oder eine Kommunität.

Die Bedeutung der örtlichen Lage für eine Gemeinschaft

Wer für eine Gemeinschaft ein Haus sucht, sollte sich in der Klärungsphase Gedanken machen, welche örtliche Lage geeignet ist. Eine Stadt oder eine große Ortschaft? Ein kleinerer oder größerer Ort auf dem Land? Wichtig ist – gerade im Blick auf Generationen verbindende Modelle oder auf das Älterwerden – die Anbindung an öffentliche Verkehrsmittel und die Möglichkeit, in der Nähe das Nötigste einzukaufen und medizinische Dienstleistungen in Anspruch zu nehmen.

Städte oder Ortschaften in Ballungsräumen bieten zusätzliche Chancen, weil sie Institutionen haben, die Ausbildungsplätze anbieten. So lassen sich Auszubildende und Studierende finden, die einige Jahre mitleben. Für die Verantwortlichen von Wohnprojekten bzw. für die Gemeinschaften können sie eine wertvolle Stütze sein. Für die Studierenden selbst ist eine Gemeinschaft nicht nur

---

22 Menschen, die zu einem sogenannten Drittorden gehören, verpflichten sich innerlich und äußerlich, nach den geistlichen Ordnungen einer bestimmten Ordensgemeinschaft zu leben und auch die Lebensordnung, soweit dies möglich ist, in ihr persönliches Leben zu integrieren. Sie leben dies in ihrem beruflichen, familiären und gemeindlichen Umfeld (http://www.diakonissen-riehen.ch/aufgaben/Drittorden/drittorden.htm, am 26.4.10). Es handelt sich also um einen engen, verbindlichen Freundeskreis um eine Kommunität herum.

eine günstige Wohnform, sondern ermöglicht ihnen Erfahrungen, die sie für ihren weiteren Weg prägen.

3. Projektierungsphase

Die Projektierungsphase bereitet die Umsetzung vor und ist im gewissen Sinne bereits Teil der Umsetzung. Es braucht den notwendigen Schritt vom ICH zum WIR. Der oder die Initiantin sucht Gleichgesinnte, nimmt das Gespräch mit Interessierten auf und arbeitet an den Leitlinien.

Vom Ich zum WIR – ein notwendiger Schritt

Wenn sich eine Gemeinschaft bilden soll, braucht es den Schritt vom ICH zum WIR. Wenn ein ICH Gemeinschaft will und nicht bereit ist, auf den anderen einzugehen, kommt es letztlich nicht zu einem WIR. Manche Gemeinschaftsgedanken und -träume sind zu ichzentriert. Die biblische Botschaft ermutigt zum Leben in Beziehungen und Gemeinschaft. In Gott selbst zeigt sich die Beziehung und Liebe zwischen dem Vater, seinem Sohn Jesus und dem Heiligen Geist. Der Schritt zum WIR geht über Begegnungen mit dem DU. Jesus Christus bietet sich als gemeinsamer Bezugspunkt an und ermöglicht eine tief gehende geistliche Verbindung.

Dies hat (hoffentlich) ganz praktische Folgen. Gemeinschaft wird letztlich nicht gelingen, wenn ich darin nur »meinen Traum« verwirklichen und erfüllen will.

Gleichgesinnte suchen

Auf dem Weg zum neuen Gemeinschaftsmodell stellt sich die Frage, mit *wem* ich mich auf den Weg machen soll. Vielleicht kommen Menschen aus meinem Umfeld infrage. Aus dem Gebet heraus kann sich zeigen, wen ich ansprechen will.

Darüber hinaus kann ich außerhalb des bisherigen Umfelds ak-

tiv nach Menschen Ausschau halten, die an diesen Themen interessiert sind, und andere Kanäle nutzen. Möglichkeiten wären:
- Mit Personen sprechen, die viele Leute kennen und Kontakte vermitteln können: Pfarrer, Gemeindeleiter, Seelsorger, Leiter von christlichen Institutionen.
- Singles und Ehepaare kontaktieren, die in eine neue Lebensphase kommen und sich neu orientieren, z. B. Ehepaare, deren Kinder ausgezogen sind.
- Seminare und Tagungen zum Thema besuchen.
- Inserate in Zeitschriften und christlichen Internet-Seiten suchen und platzieren.
- Personen, die gemeinschaftlich leben, befragen, auf welchem Weg sie Interessierte gesucht und gefunden haben.
- Mit Freunden beten und warten, bis es weitergeht.

Mit Interessierten Gespräche führen
Die folgenden Überlegungen haben sich durch zahlreiche Gespräche mit Personen entwickelt, die sich bei uns für das Mitleben in der Gemeinschaft beworben haben. Vereinfacht gesagt gibt es aufgrund der unterschiedlichen Lebenssituation drei Gruppen von Interessierten: gestaltende, mittragende und Unterstützung suchende Personen.
- **Gestaltende** Mitglieder: Sie sind initiativ, übernehmen Verantwortung, sind lösungsorientiert und potenzielle Leitungspersonen.
- **Mittragende** Mitglieder: Sie sind zuverlässig, loyal und treu. Sie haben das Potenzial, je nach Größe und Leitungsmodell die Co-Leitung zu übernehmen.
- **Unterstützung suchende** Mitglieder: Sie brauchen besondere Hilfestellungen, haben oft Gaben, die verschüttet sind, auch geistliche Gaben, die sie einbringen können.
Es lohnt sich, beim Aufbau einer Gemeinschaftsform auf eine ausgeglichene und nicht überfordernde Zusammensetzung zu achten. Die Erfahrung zeigt, dass sich auf Inserate im Blick auf die Gründung eines Gemeinschaftsprojekts häufig Menschen melden, die gemeinschaftlich leben wollen, weil sie es brauchen bzw. weil sie

gewisse Einschränkungen haben. Sie suchen diesen Lebensstil nicht nur freiwillig.

Wir empfehlen, in dieser Aufbauphase mit Freunden zu beten und zunächst aktiv nach Menschen aus den beiden erstgenannten Gruppen Ausschau zu halten. Hier finden sich unserer Erfahrung nach Menschen, die:

– den gemeinschaftlichen Lebensstil freiwillig und bewusst wählen, auch das geistliche Leben der Gemeinschaft mittragen und bereit sind, ihre Prioritäten entsprechend zu setzen,
– in der Nachfolge Jesu wachsen wollen,
– sich konstruktiv und der Leitung gegenüber loyal einbringen,
– das gemeinschaftliche Leben als Chance sehen, in der Entwicklung ihrer Persönlichkeit und ihres Engagements für Gott und sein Reich zu wachsen.

Sie müssen keine Helden sein, aber:

– Sie haben entweder keine Suchtvergangenheit oder leben schon länger suchtfrei,
– sie sind seit jeher oder seit längerer Zeit psychisch stabil,
– sie sind beruflich »normal« integriert,
– sie haben sich als Christen schon bewährt und eine gewisse Reife erlangt,
– sie haben biografische Kontinuität,
– sie können sich selbst reflektieren.

Dies sind einige Anhaltspunkte, die sich bei uns bewährt haben, aber nicht als »Gesetz der Meder und Perser« gedacht sind. Gerade das Kriterium der beruflichen Integration ist umstritten, weil heute aufgrund der erhöhten Anforderungen Menschen die Arbeit verlieren, die ihre Anstellung vor zehn oder zwanzig Jahren noch hätten behalten können.

Wenn man will, dass die »tragenden Mitglieder« aus den beiden ersten Gruppen die Gemeinschaftskultur prägen, sollte man bei allen, die sich für die Mitgliedschaft oder das Mitleben interessieren, darauf achten, ob sie die oben genannten Kriterien (oder bestimmte selbst festgelegte) erfüllen. Wenn man klare Anhaltspunkte hat, kann man diese begründet vertreten und den Interessenten sagen, warum man sie nicht ins Gemeinschaftsmodell aufnehmen will. Denkbar ist, dass eine Unterstützung suchende Person sich eine Wohnung in der Nachbarschaft sucht, zum Freundeskreis gehört und eventuell später in die Haus- oder Wohngemeinschaft einzieht, wenn die Gemeinschaft tragfähiger geworden ist. Wenn ein enges Zusammenleben auch später nicht infrage kommt, kann man der interessierten Person die Möglichkeit geben, mit der Gemeinschaft in regelmäßiger Verbindung zu sein, etwa beim Essen oder bei der Teilnahme an Gebetszeiten, Hausgottesdiensten und Festen.

Waldemar

Eines Tages stand er in unserer Türe. Ein hagerer Mann mit langer,
wilder Mähne, einem gegerbten Gesicht und wachen Augen.
Von irgendwo kam er, die Welt sein Zuhause.
Der Himmel sein Dach über dem Kopf, die Wiese sein Bett.
Sesshaft wolle er werden, Arbeit und Heimat finden.
Wir boten ihm ein Zimmer an: hell und groß, von Gemeinschaft
umgeben, vom Gebet getragen.
Nach einer Stunde ging er fort.
Menschen mit psychischen Problemen würden nicht zu ihm passen.
Ruhelose Suche, im Irdischen nicht gefunden.
Die Nacht war kalt und dunkel.
Unser Herrnhuter-Stern leuchtete zum Abschied und die
Adventslichter des Dorfes erhellten seinen Weg durch die Dunkelheit.
Vielleicht hat ihn ihre Botschaft erreicht.
Vielleicht irrt er noch heute umher.

Manchmal ist es, als sei er zurückgekommen,
schleiche sich durch die Gemeinschaft,
setze sich mitten in unsere Seelen:
Sehnsucht nach dem Vollkommenen.

Irene Widmer-Huber

Wir haben erlebt, dass eine sorgfältige Regulierung von Nähe und Distanz längerfristig für beide Seiten hilfreich ist. Insbesondere bei Personen mit Einschränkungen in der Beziehungsfähigkeit oder mit Schwierigkeiten, mit der Emotionalität und den eigenen Bedürfnissen in einer Gruppe konstruktiv umzugehen, ist ein individueller Weg zu suchen, bei Bedarf mithilfe von Beratung durch eine Fachperson. Wir haben die Erfahrung gemacht, dass sich dies lohnt. Damit wächst die Chance, dass sich Menschen, die sich an anderen Orten abgelehnt fühlen, nach ihren Möglichkeiten konstruktiv in die Gemeinschaft einbringen können.

Anhaltspunkte für das Gespräch mit Interessierten

In Bezug auf das erste Gespräch mit Interessierten hat sich bei uns eine Art »innere Checkliste« entwickelt:

- Ich bereite mich innerlich vor, rechne damit, dass ich vom Heiligen Geist ein Zeichen erhalte, vielleicht bereits durch den ersten Eindruck und mein »Bauchgefühl«.
- Ich habe die oben genannten Kriterien vor Augen und frage mich: Zu welcher Gruppe neigt die Person, die sich bewirbt?
- Ich lasse die Biografie auf mich wirken.
- Ich achte auf ihren Umgang mit Konflikten. Wie spricht sie über andere? Differenziert und versöhnt? Neigt sie zum »Opfer-Dasein«?
- Wie geht die Person mit Nähe und Distanz um?
- Wie ist ihr Umgang mit persönlichen Schwierigkeiten: Ist sie transparent? Holt sie sich Hilfe? Ist sie in einem Netzwerk integriert? Welche »Diagnose« hat sie? Wie spricht sie darüber?
- Wie sieht die Ursprungsfamilie aus, das heutige soziale Netz?
- Welche Referenzen bringt sie mit? Ist sie bereit, Referenzen anzugeben?
- Welche Vorstellungen über das gemeinsame Leben hat sie? Welche Erfahrungen, Erwartungen, Verletzungen, Hoffnungen?
- Hat sie geistliche Schwerpunkte? Wie sieht der religiöse Hintergrund aus?
- Ist mir die Person sympathisch? (Was aber nicht ausschlaggebend ist!)

– Höre ich im Gespräch, im Zusammensein Gottes Reden (vgl. erster Punkt)?

Grundlegend: Leitlinien für den gemeinsamen Weg

Leitlinien sind grundlegend für die Entwicklung einer Gemeinschaft und damit ein wichtiges Thema in dieser Phase. Eine schriftliche Fassung ist auch im Blick auf die Gespräche mit Interessierten sinnvoll. Zu den wesentlichen Themen gehören die geistliche Basis, die Haltung zueinander und der Umgang mit Konflikten.

1. Geistliche Basis

Im Blick auf die Basis von christlicher Gemeinschaft weist uns Paulus auf Jesus Christus hin. Einen anderen Grund könne niemand legen (vgl. 1. Korinther 3,11). Entsprechend geht es um die gegenseitige Unterstützung in der Nachfolge Jesu mit gemeinsamer Ausrichtung auf Gott, auf sein Wort und sein Reich.

Die anfängliche Spurgruppe von EmwAg hat sich viel Zeit genommen, um in einem gemeinschaftlichen Prozess ein gemeinsames Fundament zu erarbeiten. Dieses Fundament (siehe S. 20–22) kann von vielen übernommen und genutzt werden. Die gemeinsamen Werte können nun in vielen kleinen gemeinschaftlichen Zellen gestaltet und gelebt werden. Nicht jeder, nicht jede Gemeinschaft, muss das Rad neu erfinden.

In der Gemeinschaft »Ensemble« haben wir unsere geistliche Basis folgendermaßen formuliert:

»Unser Zusammenleben soll dazu beitragen, dass wir lernen, Gott zu lieben und unseren Nächsten wie uns selber. Dabei stellen wir uns die Frage, wer Jesus ist und was Jesus *heute* tun würde, und lassen uns von ihm inspirieren. Wir wollen einander in der Persönlichkeitsentwicklung unterstützen und ermutigen, unser Potenzial kennenzulernen und für unsere Mitmenschen einzusetzen.«

Für zahlreiche Orden und Gemeinschaften ist seit Jahrhunderten die Benediktusregel zentral, begründet von Benedikt von Nursia bei Perugia (um 480–547). Sie hebt wesentliche Aspekte hervor, wie man gemeinsam nach dem Evangelium leben kann. Auch von ihr kann man sich inspirieren lassen.

2. Haltung zueinander

Die Haltung zueinander wirkt sich auf die Entwicklung des Zusammenlebens aus. Somit empfiehlt es sich, einige wesentliche Punkte festzuhalten. Erwähnt seien die Stichworte Wertschätzung, gegenseitige Ermutigung, Befähigung, einander Freiraum geben. In der Gemeinschaft »Ensemble« haben wir es so ausformuliert:

»Wir pflegen einen Umgangston der gegenseitigen Wertschätzung und Ermutigung.«

Auch EmwAg hat drei klare Willensbekundungen formuliert, die Haltungen zueinander ausdrücken (siehe S. 22).

Die Sicht der Dinge

Aus der Optik des halb leeren Glases ...
... wirkt das Haus plötzlich so schmutzig und ungepflegt
und die Sonnenstrahlen bleiben hängen
im Staub der Fensterscheibe.
... verfange ich mich im falschen Akkord des Klaviers
und kontrolliere leise,
wer denn schon wieder bei der Andacht fehlt.
... ärgere ich mich wortlos über die Taktlosigkeit,
dass der Karottensalat
nicht schwesterlich aufgeteilt wurde.
... irritiert mich
das schmollende Schweigen der einen
und das laute Lachen des anderen.
... riecht der Tabakrauch der Dritten ätzend
und die Gebete der Fünften sind weltfremd abgehoben
und ausschweifend lang.

Aus der Optik des halb leeren Glases
lassen sich tausend Dinge finden,
die nicht sind, wie sie sein sollten.

Aus der Optik des halb vollen Glases ...
... betrachte ich
den farbig gestalteten Bibelvers im Hausflur
mit leiser Freude und Bewunderung.
... erheitert mich der Witz der Ersten
– und das fröhliche »Hallo« der anderen
rutscht in mein Herz.
... bleibe ich leise vor der angelehnten Türe stehen,
um die Klavierimprovisationen des Dritten
nicht zu unterbrechen.
... steigt mir der Duft eines feinen Essens in die Nase
und es scheint so,
als sei es nur mir zuliebe gekocht.
... sind die Spuren des großen Festes
im Nu weggeräumt,
weil so viele Hände geholfen haben.

Aus der Optik des halb vollen Glases
lassen sich tausend Dinge finden,
die sind, wie sie sein sollten.

Merkwürdigerweise
betrifft es
dieselbe Gemeinschaft
in demselben Haus
mit denselben Menschen.

Irene Widmer-Huber

3. Der Umgang mit Konflikten

Konflikte gehören zum gemeinsamen Leben. Ein Konflikt, ob aufgrund einer grundsätzlichen Frage oder eines Problems im Alltag, ist nicht negativ zu bewerten, im Gegenteil: Im Unterschied zu einem »kalten« Konflikt wirft ein »heißer« Konflikt Fragen auf, die geklärt werden müssen, und ist deshalb eine *Chance*, konstruktiv tragfähige Lösungen zu suchen.

Anhaltspunkte vom Biblischen her gibt Matthäus 18,15-17. Angewandt auf eine christliche Gemeinschaft ergeben sich drei Stufen beim Vorgehen: Zuerst ein Gespräch zu zweit, wenn nötig ein Gespräch unter Hinzuziehung eines Dritten, im Notfall Thematisierung des Konflikts vor der ganzen Gemeinschaft.

Heikel wird es, wenn ein unterschwelliger »kalter« Konflikt *nicht* angesprochen wird. Dann sind die einzelnen Mitglieder der Gemeinschaft und insbesondere die Leitung herausgefordert, den Konflikt zu thematisieren und auch den Gründen nachzugehen, warum das Problem nicht *offen* auf den Tisch gekommen ist.

Sinnvoll ist deshalb eine Klärung der Vorgehensweise und der Verantwortlichkeiten, auch der Aufgaben der Leitung. In den Leitlinien von »Ensemble« heißt es:

»Wir üben uns in unserer Konfliktfähigkeit. Wenn Dinge, welche uns stören, vorgefallen sind oder immer wieder vorfallen, suchen wir das direkte Gespräch mit der betroffenen Person und wenden uns allenfalls zur Vermittlung an das Leiterpaar. Wir wollen Konflikte nicht lange anstehen lassen und üben uns im Verzicht auf negatives Reden, wenn die betroffene Person nicht da ist. Auch wenn es das Leiterpaar betrifft, gilt es, umgehend das Gespräch zu suchen. Dies gilt ebenso für Fragen der Kindererziehung, für welche die Eltern zuständig sind.«

Wenn sich alle daran halten und das Gespräch suchen, ergibt sich daraus eine indirekte Abmachung: Wenn niemand etwas sagt, gibt es nichts Hinderndes in der Gemeinschaft. Wenn nichts gesagt wird, *ist* nichts!

Leitung und Aufteilung von Aufgaben

Die Leitungsfrage stellt sich je nach Situation schon in der Klärungsphase, wird aber in der Regel in der Projektierungsphase ein Thema, wenn die Gemeinschaft am Werden ist.

Schon ganz am Anfang können Aufgaben – auch betreffend Leitung – aufgeteilt werden. Zu einem späteren Zeitpunkt kann sich die Leitungsfrage neu stellen. Es ist dabei denkbar, dass die Person, welche die Initiative ergriffen hat, einfach Impulsgeber war und die Leitung an jemanden abgibt, der dazu besser geeignet ist. Natürlich braucht es nur wenig bis gar keine Leitung, wenn eine Gemeinschaft sehr klein ist. Doch auch bei einer gemeinschaftlichen Lebenszelle mit vier Personen müssen Aufgaben verteilt werden, Verantwortlichkeiten geklärt sein etc.

Die geistliche Einbindung

Im Zusammenhang mit der geistlichen Einordnung und der Suche nach praktischer Unterstützung stellt sich die Frage der Einbindung. Hier ist es sinnvoll zu schauen, welche Verbindungen ohnehin schon bestehen. Noch einmal: Nicht jeder muss das Rad neu erfinden. Von wem können wir lernen, wo können wir uns einbinden? In welches Netzwerk passen wir hinein? Wo sind Menschen auf einem ähnlichen Weg unterwegs und wie können Synergien entstehen?

Wird eine Verbindung mit EmwAg angestrebt? Oder mit einer Kommunität oder einem Netzwerk wie commonlife.ch? Übernimmt ein verbindlicher Freundeskreis die Einbindung oder eine Gemeinde oder ein christliches Werk?

Die Rechtsform

Je größer ein Gemeinschaftsmodell ist, desto relevanter werden Fragen zu den Finanzen und zur Rechtsform: Ist es eine private Unternehmung? Sind die Mieter bereit, etwas mehr als die Miete in eine Art Reservefonds einzuzahlen? Ist die Unterstützung durch einen Freundeskreis sinnvoll? Zur rechtlichen Einbindung: Soll die Gemeinschaft Teilbereich einer Gemeinde oder eines christlichen Werks werden? Oder ist die Gründung eines neuen Vereins oder einer Stiftung zu empfehlen? Auch für diese Fragen lohnt es sich, (juristische) Beratung in Anspruch zu nehmen.

4. Umsetzungsphase

Was in der Projektierungsphase angedacht und ansatzweise erprobt worden ist, wird nun konkret umgesetzt. Dabei wird sich zeigen, was wie geplant realisiert werden kann und was realitätsfremd ist und noch modifiziert werden muss. Auch die Umsetzungsphase wird sich je nach Art der Gemeinschaft unterschiedlich gestalten. Um die Vision umzusetzen, muss man sich nun mutig auf den Weg machen, auf Menschen zugehen und sich dabei von Gott Schritt für Schritt führen lassen.

Verbindliche Vereinbarungen treffen

Unabhängig davon, um welche Art von Verbindlichkeit und Form es geht: Vereinbarungen müssen getroffen werden.

Zeit: Wann? Wie oft? Wie lange wollen wir uns treffen?

Ort: Wo haben wir Gemeinschaft, unsere Treffen, unseren Lebensort?

Geld: Wer trägt die Kosten, wenn wir uns treffen? Das fängt beim gemeinsamen Kaffee an und geht bis zur Miete für das gemeinsame Haus, falls es das gibt. (Hier liegt sonst viel Konfliktpotenzial!)

Dienst: Wollen wir uns in einer gemeinsamen Aufgabe, einem gemeinsamen Projekt engagieren? Oder ist unser gemeinschaftlicher Dienst schlicht der, dass wir einander helfen, wirklich zu leben?

Zum Aufnahmeprozess von neuen Mitgliedern

Zu bedenken ist auch die Vorgehensweise bei Bewerbungen. Wenn sich jemand einer werdenden oder schon bestehenden Gemeinschaft anschließen will, haben wir die Erfahrung gemacht, dass Vorgespräche mit der Leitung sinnvoll sind, ebenso der Grundsatz, dass für die Aufnahme ein einstimmiger Entscheid nötig ist. Wer Vorbehalte hat, bringt sie ein. Dabei sind die Gründe, die dagegen sprechen, zu analysieren und zu gewichten. Wenn sich zum Beispiel jemand bedroht fühlt, spielt dieser Einwand eine größere Rolle als die Aussage, die sich bewerbende Person sei zu alt oder zu jung oder spontan nicht sympathisch.

Wenn es darüber hinaus um gemeinsames *Wohnen* geht, braucht es in der Kennenlernphase in der Regel mehrere Gespräche. Wir haben jemanden auch schon eine Woche lang mitleben lassen, damit man einander näher kennenlernen konnte. Das gab der Person, die sich bewarb, die Möglichkeit, sich ein umfassenderes Bild zu machen, was es bedeutet, gemeinschaftlich zu leben. In einer befreundeten Gemeinschaft ist eine Woche Probewohnen Standard.

Wenn man zusammenzieht: trotz wachsenden Vertrauens Verträge schließen

Bevor man Häuser, Wohnungen und weitere Ressourcen miteinander teilt oder darüber hinaus kommunitär leben will, lohnt es sich trotz wachsenden Vertrauens, das Besprochene schriftlich festzuhalten und sich bei Bedarf von erfahrenen Gemeinschaftsleitern und Juristen über verschiedene Vertragsmöglichkeiten informieren zu lassen.

Bei Mietverträgen stellt sich die Frage, ob alle etwas mehr als die effektive Miete in einen Fonds einzahlen sollen, zur Reserve, wenn ein Zimmer oder eine Wohnung vorübergehend nicht vermietet werden kann.

Leitlinien und weitere Abmachungen in den Mietvertrag integrieren
Weil die Mitbewohnerinnen und Mitbewohner nicht nur Wohnraum mieten, sondern Teil einer Gemeinschaft werden, ist es
sinnvoll, die Leitlinien der Gemeinschaft (mit integrierter Hausordnung) sowie weitere Abmachungen ausdrücklich in den Mietvertrag zu integrieren. Die auf S. 141 erwähnten Leitlinien können
um einzelne Punkte erweitert werden.

Dabei ist das Datum des aktuellen Stands zu vermerken. Denn
wenn die Leitlinien oder die Hausordnung geändert werden sollen, braucht es streng genommen die Einwilligung aller bzw. einen
aktualisierten Mietvertrag, bei welchem das aktuelle Datum der
Leitlinien und Hausordnung verzeichnet ist. Deshalb empfiehlt
es sich, in die Hausordnung nur das Wichtigste aufzunehmen
und andere Fragen bei Treffen der Gemeinschaft zu klären. Themen wie Nachtruhe oder die Nutzung von Gemeinschaftsräumen
gehören zu den Abmachungen, welche sich der aktuellen Zusammensetzung der Gemeinschaft anpassen.

Festhalten, was verbindlich ist
Wir haben gute Erfahrungen damit gemacht, zu klären, was verbindlich ist und was zur Förderung des gemeinschaftlichen Lebens erwünscht oder erstrebenswert ist – auch wenn es nicht alle
im selben Maß mittragen können. Verbindlich bei uns im »Ensemble« sind zum Beispiel die Teilnahme am Hausabend, das gegenseitige Kochen füreinander, weitere Haushaltsaufgaben und
ein monatlicher Abendgottesdienst zusammen mit den anderen
Hausgemeinschaften der »Offenen Tür«. Erwünscht ist unter anderem die Beteiligung an den Gebetszeiten und am wöchentlichen
Hausgottesdienst am Freitagabend sowie am Advents-Bazar des
Trägervereins »Offene Tür«.

Gästezimmer und Begleitung der Gäste
Damit sich ein Gast willkommen fühlt und sich die Mitglieder der
Gemeinschaft auch mit Gästen noch zu Hause fühlen, lohnt es
sich, einige Punkte abzuklären. So ist es zum Beispiel empfehlens-

wert, dass der Gastgeber die Mitbewohner rechtzeitig informiert und den Gast in die Gepflogenheiten des Hauses einführt. Dazu gehören die Informationen, welchen Freiraum ein Gast hat (z. B. betreffend Kühlschrank) sowie welche Grenzen bestehen (z. B. betreffend Rauchen und Empfang von Besucherinnen und Besuchern) und ab wann ein Aufenthalt in der Gemeinschaft etwas kostet.

In diesem Zusammenhang ist es empfehlenswert zu klären, ob Freundinnen und Freunde der Mitbewohner in deren Zimmern übernachten dürfen oder ob Gäste des jeweils anderen Geschlechts im Gästezimmer übernachten sollen. Im Hintergrund steht die Frage der Sexualethik bzw. ob die Leitung der Gemeinschaft in dieser Frage sagt, wie sie es im Haus halten möchte – was ich empfehle –, oder ob sie dies offenlässt. Entsprechend ist darauf zu achten, dass Freundinnen und Freunde die Möglichkeit haben, in einem Gästezimmer zu übernachten.

Hauswartsaufgaben, Supervision und Versicherungsfragen

Zusätzliche Abmachungen können sich in einem Mehrfamilienhaus in Bezug auf Hauswartsaufgaben ergeben. Diese können aufgeteilt werden. Oder jemand übernimmt diese Tätigkeit im Rahmen der Aufteilung der anfallenden Arbeiten für die Gemeinschaft – oder gegen Bezahlung.

Nicht nur bei größeren Wohnprojekten ist es empfehlenswert, dass die Beteiligten ihre Bereitschaft erklären, sich extern supervisorisch beraten zu lassen – und nicht erst, wenn es Schwierigkeiten gibt.

Eine weitere Abmachung kann die Verpflichtung auf den Abschluss einer Privathaftpflichtversicherung sein. Dabei geht es darum, dass vom Mieter verursachte Schäden an Haus und Mobiliar fachmännisch repariert werden können, was je nach finanzieller Situation die Möglichkeiten des Mieters übersteigen kann.

Und bei Autofahrern, die gelegentlich das Fahrzeug von Mitgliedern der Gemeinschaft nutzen wollen, ist in der Schweiz bei der *Privathaftpflicht*versicherung auch der Einschluss von »Benützen fremder Fahrzeuge« sinnvoll, in Deutschland gibt es in dieser Hinsicht ähnliche Punkte zu bedenken. Es ist generell ratsam, sich zum Thema Versicherungen kundig zu machen.

Ein Plädoyer für Leitlinien und Hausordnungen

Rahmen schaffen,
Abmachungen treffen:
Boden bearbeiten, bereitstellen.
Einpflanzen wagen, sanft, sorgfältig, oft ängstlich.

Wieder sortieren, diskutieren, bedenken.
Bis es stimmt: gelegter Grund.
Leben wagen, zaghaft erst, dann immer mutiger: bleiben dürfen.

Eisglätte und Stürme erleben, Nebel und Regen:
Leitplanken weisen den Weg, halten.
Halten – und führen weiter: neu schreiben, neu beginnen,
neu diskutieren – festhalten, erweitern, ergänzen.

Unter allem: ein Fels, der hält.
Betende Herzen stehen auf festem Grund.
Sturmstillung: Der Himmel reißt auf, die Sonne wärmt.
Nächster Regen bricht sich zum Regenbogen.
Neues Leben sprießt aus der durchtränkten Erde.

Irene Widmer-Huber

Den persönlichen Weg finden

Einige Fragen und Überlegungen haben Sie vielleicht angesprochen, andere nicht. Wir wünschen Ihnen, dass Sie Ihren *persönlichen* Weg finden. Als Gottes Ebenbild dürfen auch *Sie* schöpferisch und gründend tätig sein! Machen Sie sich mit anderen auf den Weg und lassen Sie sich von Rückschlägen und Hindernissen nicht entmutigen! Für die kommenden Entscheidungen und Schritte wünsche ich Ihnen, dass Sie Gottes Führung erleben und durch alles hindurch viel Gutes erleben, dass Sie immer wieder zum Staunen und Danken kommen.

Kapitel 5

Häufig gestellte Fragen

Es gibt kein Lernen – auch kein geistliches – ohne Fehler.

Andreas Kusch

Wie werde ich gemeinschaftsfähig?

Astrid Eichler: Indem ich mich auf Gemeinschaft einlasse. Ich denke, es gibt keinen Kurs und kein Examen für Gemeinschaftsfähigkeit. Die Schule ist das Leben selbst. Eheleute sind da wie von selbst drin. Singles müssen sich darum bemühen, diese Schule aufzusuchen, denn »Gemeinschaftsfähigkeit« kann ich mir nicht allein aneignen.

Meine Beobachtung ist, dass Singles dazu neigen, sich selbst immer mehr zum Maßstab zu machen: das eigene Denken, die eigene Erfahrung, das eigene Empfinden – und wenn ich schon lange allein bin, fällt es zunehmend schwer, anderes noch für möglich zu halten, zu verstehen oder gelten zu lassen.

Übung macht den Meister und Gemeinschaft kann nur gemeinsam eingeübt werden. Doch für Gemeinschaft ist es auch nötig, dass ich bei mir selbst »zu Hause« bin. Jemand, der ständig in Selbstzweifeln lebt, sich selbst nicht kennt oder nicht wahrnimmt, wird in einer Gemeinschaft jede Anfrage als Angriff und jede Kritik als Ablehnung wahrnehmen.

Hier hat jeder die ganz persönliche Aufgabe, sich um die eigene Seele zu kümmern. Dazu kann seelsorgerliche Begleitung gut sein. Ich brauche die Gewissheit, dass ich gewollt und geliebt und angenommen bin, dann kann ich auch die anderen wollen und lieben und annehmen.

Singlefrau und Ehepaar – geht denn das?

Astrid Eichler: Da kann doch so viel passieren. Stellen wir uns eine Ehekrise vor – und der Mann sucht Zuflucht bei der Singlefrau. Oder malen wir uns aus, was geschieht, wenn die Singlefrau ein Auge auf den Mann geworfen hat und sich verliebt ...

Ja, da kann viel passieren! Das müssen wir wissen und ernst nehmen und deshalb sehr offen darüber reden. Was ausgesprochen wird, verliert an Macht. Das gilt in vielen Zusammenhängen, so auch hier.

Wenn z. B. die Ehefrau um ihren Kampf mit Eifersucht weiß, dann ist es wichtig, dass sie diesen Kampf aufnimmt und lernt, ihrem Mann zu vertrauen. Aber der Kampf sollte nicht noch durch zu viel Nähe zu einer Singlefrau verschärft werden. Wenn ständig Misstrauen im Raum ist, wird niemand in dieser Gemeinschaft aufblühen können.

Ein anderes Problem kann sein, dass die Singlefrau immer noch den Schmerz spürt, nicht verheiratet zu sein, und jedes Zusammensein mit einem Ehepaar wie einen Stich in diese Wunde erlebt. Eine Weile kann sie es vielleicht »wegstecken«, aber irgendwann wird diese Überforderung sie erdrücken.

Trotz der Gefahren denke ich, dass ein solches Gemeinschaftsmodell möglich ist. Wir sollen unsere Schwachheit, unsere Wunden und Ängste wahrnehmen und ernst nehmen, aber uns nicht von ihnen blockieren lassen. Es geht darum, dass wir uns auf den Weg machen und Schritte tun, die unserer momentanen inneren Situation angemessen sind. So können wir kreative Lösungen finden und gemeinsam wachsen. Ein Ehepaar braucht neben gemeinschaftlicher Zeit unbedingt geschützte Zeit zu zweit. Und das braucht Raum und unbefangenen Umgang miteinander.

In der Gemeinschaft, in der ich zwei Jahre mitgelebt habe, waren alle Stände (Ehepaare mit und ohne Kinder, Zölibatäre und Singles) vertreten. Dort war es so, dass Ehepaare immer eine eigene Wohnung hatten, einen Raum, der ihnen als Ehepaar oder Familie vorbehalten war.

Familie und Single: Wie geht denn das?

Irene Widmer-Huber: Singlefrau und Ehepaar ist die eine Ebene – aber was, wenn noch Kinder dazukommen? Viele erleben es als Bereicherung: Kinder lockern das Miteinander auf, ein ehrlicher Kindermund entschärft manche vielleicht etwas steife und künstliche Situation, und die Gegenwart eines Kindes öffnet neue Themen und bringt zarte Saiten in uns zum Schwingen. Trotzdem gibt es einiges zu beachten.

Kinder können sehr viel auslösen: Die eigene Kindheit kommt hoch, eigene Verletzungen werden spürbar. Die eigene Kinderlosigkeit schmerzt vielleicht. Zudem ist die Beziehung zwischen Eltern und ihren Kindern eine besondere. Sie haben den ersten Platz in einem Elternherz. Kritik an ihnen oder an der Erziehung ist erfahrungsgemäß ein sensibler Bereich. Wenn eine Familie ihr Haus öffnet, macht sie sich besonders verletzlich. Es lohnt sich, über die Erziehung und den Umgang mit den Kindern zu reden. Es ist schwierig, wenn die hinzukommende Person durch ihr Verhalten oder ihre Aussagen den Erziehungsstil der Eltern unterläuft. Auch begreifen Kinder schnell, was bei den Eltern nicht geht – beim Gemeinschaftsmitglied aber durchaus funktioniert. Das eröffnet viele Wege ...

Es braucht nicht von allen denselben Erziehungsstil – aber eine innere Klarheit der Singles in der Gemeinschaft, die Erziehung der Eltern nicht vor oder mit den Kindern zu unterlaufen. Gleichzeitig ist es gerade bei Kleinkindern sinnvoll, gewisse gemeinsame Abmachungen zu treffen. Klassischer Dauerbrenner in diesem Bereich sind Süßigkeiten.

Wo Liebe und Annahme ein Miteinander prägen, sind offene Gespräche über die klassisch anstehenden Themen wie Erziehung, eigene Kindheit, Eifersucht auf die Kinder, Leiden am Lärm und den Störungen eine große, kostbare Bereicherung. Man kann für fast alles eine Lösung finden. Auf jeden Fall ist Einfühlungsvermögen gefragt: Alles, was »besserwisserisch« daherkommt, läuft ganz schnell Gefahr, bei den Müttern unterzugehen, wenn ihnen Anfragen an den Erziehungsstil oder an ihre

Kinder zu nahe kommen: »Die hat ja gut reden, die hat ja keine eigenen Kinder!«

Muss nicht zuerst »die Chemie« stimmen zwischen denen, die gemeinschaftlich leben wollen?

Astrid Eichler: Hier ist der »Typ« der Gemeinschaft ganz entscheidend.

In den herkömmlichen Gemeinschaften wie Orden, Kommunitäten, Schwestern- und Bruderschaften spielt die Frage der zwischenmenschlichen »Chemie« keine vorrangige Rolle. Ich kenne viele, die genau hier wirklich zum Blühen kommen. Als wir Schwestern einer evangelischen Kommunität danach befragten, schauten sie uns nur irritiert an. Nein, sie hatten eine Berufung empfangen, ihr Leben Jesus Christus hinzugeben – und dies in dieser Gemeinschaft konkret werden zu lassen. Sie gaben sich in die Gemeinschaft hinein *um Jesu willen,* und dort trafen sie dann auf viele mit einer ganz anderen »Chemie«. Primär ist für sie, an dem Ort ihrer Berufung zu sein, sekundär, mit wem sie es dort zu tun bekommen. Die geistliche Prägung der Gemeinschaft, ihre Art, Gottesdienst zu feiern, zu beten, ihr Auftrag ist dann letztlich die »Chemie«, die zu den Einzelnen passt. Man findet zusammen in dem Raum, in den man sich von Jesus gestellt weiß. Das schließt Unstimmigkeiten und Konflikte nicht aus, aber es gibt das große Gemeinsame, das in dem Ruf Jesu an diesen Ort, in diese Gemeinschaft besteht.

Wenn Menschen sich *um der Gemeinschaft willen* zusammenfinden, müssen sie viel genauer hinschauen, was ihre Gemeinschaft ausmacht, worin ihre Übereinstimmung besteht. Da braucht es einen gemeinsamen Weg der Klärung, immer wieder mit der Frage: »Passt das zusammen, was wir hier zusammenbringen?«

Allerdings müssen wir uns auch hier von Idealvorstellungen und Träumereien verabschieden, dass es die völlig übereinstimmende »Chemie« wirklich gibt. Letztlich wird es Gemeinschaft nicht ohne Selbstverleugnung, ohne Hingabe, ohne Sterben geben. Die anderen werden nicht einfach zu mir dazuaddiert, sondern in Gemeinschaft geht es immer um Prozesse, die mein Leben verwandeln.

Wie gehen wir mit den verschiedenen geistlichen Prägungen um?

Astrid Eichler: Klassische Gemeinschaften zeichnen sich in der Regel dadurch aus, dass sie eine gemeinsame theologische und geistliche Prägung haben, eine gemeinsame Spiritualität. Das ist bei dem, was im Rahmen von EmwAg wächst, ganz anders und eine echte Herausforderung.

Am deutlichsten wird es immer am Liedgut. Wir kommen aus ganz verschiedenen Kirchen, Gemeinden, Prägungen, Traditionen. Wir singen aus sehr verschiedenen Gesangbüchern, leben in sehr unterschiedlicher Spiritualität. Bei Werkstatt-Tagen zu Fragen gemeinschaftlichen Lebens haben wir uns mit dieser Frage beschäftigt und sind dabei zu folgenden Ergebnissen gekommen:

– Wir wissen, was uns verbindet – die gemeinsame Mitte in Jesus Christus. Das Glaubensbekenntnis der anderen, auch wenn es anders klingt, in anderen Worten formuliert ist als mein persönliches, nehme ich ernst und an. Den Glauben der anderen hinterfrage ich nicht, sondern freue mich an der gemeinsamen Mitte in Jesus Christus.

– Um den Glauben der anderen kennen und verstehen zu lernen, ist es gut, einander Anteil zu geben an der je eigenen Glaubensgeschichte. Dabei werden wir entdecken, dass unsere Selbstverständlichkeiten nicht die Selbstverständlichkeiten der anderen sind. Es ist z. B. ein großer Unterschied, ob jemand in einem christlichen Elternhaus aufgewachsen ist oder erst in den letzten Jahren Christ geworden ist.

– Wir geben einander die Freiheit, ganz wir selbst sein zu dürfen, und das auch in der Art, wie wir glauben, wie wir beten, welche Haltung wir dafür bevorzugen, welche Lieder wir am liebsten singen.

- Um einander in Liebe zu achten, brauchen wir die Bereitschaft, auch auf Elemente unserer ganz speziellen Prägung und auf Äußerungsformen unserer persönlichen Frömmigkeit zu verzichten.
- Wir wollen lernen, die Unterschiede als Bereicherung zu entdecken und nicht als Bedrohung zu empfinden. Dafür bleiben wir miteinander im Gespräch und im gemeinsamen Hören auf Gott, bereit, uns von ihm durch die anderen beschenken zu lassen und in eine größere Weite geführt zu werden.
- Für EmwAg-Veranstaltungen heißt das, dass wir uns bemühen, der Vielfalt und Verschiedenheit Raum zu geben. Dies drückt sich besonders in Fragen des Musikstils und Liedguts aus. Wir wollen hier mit viel Achtsamkeit vorgehen und sind dabei alle Lernende.

Und wenn wir näher zusammenrücken, z. B. in einer EmwAg-Zelle, uns mit dem Gedanken tragen, zusammenzuwohnen? Dann ist es gut, wenn wir vorher schon eine Weile geübt haben, wenn wir die Glaubensgeschichte und Liederbücher des anderen schon kennen. Wenn wir uns zum gemeinsamen Gebet treffen, kann z. B. immer jemand anderes die Leitung haben und dann die Form einbringen, die ihm die vertrauteste ist. Oder man erstellt eine gemeinsame Mappe mit Liedern, Gebeten etc., in der alle Arten vorkommen.

Achtsamkeit ist hier ein wichtiges Element.

Braucht eine Gemeinschaft nicht immer auch einen konkreten Auftrag?

Astrid Eichler: Gemeinschaft nur um der Gemeinschaft willen – das klingt für manche ganz gefährlich! Selbstzweck, »Kuschelgruppe«, »Sofachristen« – das sind Begriffe, die auch in mir gefährlich aufleuchten.

Aber trotzdem: Bei Singles ist mir aufgefallen, dass viele von ihnen in Beruf und Gemeinde überaus engagiert sind. Überall sind sie die, die doch Zeit haben. »Du hast nicht Mann und nicht

Maus – du kannst das doch ...« Das gefährliche AES-Syndrom, Arbeiten – Essen – Schlafen, raubt die Freude am Leben, der Burn-out lauert. Und dann noch Gemeinschaft? – »Nein, danke, nicht noch ein Projekt mehr!«

Gemeinschaft kann unter Umständen einzig und allein dem Zweck dienen, dass unser Leben wieder mehr wird als Arbeiten – Essen – Schlafen, dass das Leben wieder bunt und fröhlich wird, wir jemanden haben, der uns zuhört, wir miteinander lachen und weinen, wieder Leib und Seele zusammenkommen. Das ist ein lohnender Auftrag – und dient dem Leben. Damit wir wieder fit sind für den Auftrag im Beruf, in der Gemeinde, nicht nur funktionieren, sondern *leben*.

Natürlich kann es auch sein, dass aus einer Gemeinschaft ein Dienst wächst. Gemeinsam können wir viel mehr bewegen als allein. Ganz sicher! Das gehört zu den Fragen, die zu klären sind: Sind wir Projekt- oder Dienst- oder Lebensgemeinschaft? Und wir können auch mal das eine und mal das andere sein.

Es ist so wie immer: Wir können auf beiden Seiten vom Pferd fallen: Die einen pflegen nur sich selbst und leben ein bequemes Christenleben, die anderen machen sich kaputt und denken, sie sind die einzig wahren Christen. Haben wir also aufeinander acht – und das können wir nur in Gemeinschaft.

Irene Widmer-Huber: Entscheidend ist wohl nicht die Frage, ob es einen Dienst braucht oder ob die Gemeinschaft primär der Lebendigkeit der einzelnen Mitglieder dient. Wichtig scheint mir, dass die Gruppe weiß, was sie will – also ein gruppeneigenes Credo hat, vielleicht ein Dienstverständnis, dass sie eigene Werte formuliert hat, die Frage nach dem »Was sind wir?« beantworten kann. Denn aus der systemischen Therapie wissen wir, dass eine Gruppe, die keine Vision hat, »krank« werden kann.

Was ist, wenn es kracht?

Astrid Eichler: Angst vor Konflikten – in vielen Gesprächen begegnet sie mir wie ein Gespenst, das unsagbar viel Macht hat – die Macht, nächste Schritte auf dem Weg zu Gemeinschaft zu verhindern. Vermutlich liegt hier ein besonderer Schwachpunkt von Singles, sind doch Eheleute viel mehr herausgefordert und geübt, Konflikte zu erleben und zu bewältigen.

Ein Konflikt ist ganz sicher nichts Schönes, nichts, was man sich wünscht, aber er ist auch kein Weltuntergang. Insofern scheint mir ein erster wichtiger Schritt: die Angst entmachten. Wir müssen die Möglichkeit von Konflikten offen ansprechen und Spielregeln erarbeiten, wie man sich im Konfliktfall verhält. Vielleicht hilft es, gemeinsam ein Buch über Konflikte zu lesen, um vorbereitet zu sein.

Jeder Gemeinschaft empfehle ich von Anfang an, einen externen Begleiter und Berater zu gewinnen – und nicht erst, wenn es kracht. Das sollte jemand sein, den alle kennen oder kennenlernen und zu dem alle Vertrauen haben.

Trotz aller Vorbereitungen, aller Verabredungen und Spielregeln, eins werden wir in jedem Konflikt brauchen: die Bereitschaft, um Vergebung zu bitten und zu vergeben.

Thomas Widmer-Huber: Mir fällt dazu ein bestimmtes Erlebnis ein: Peter hatte den Hof nicht gewischt und den Arbeitsplan für die Reinigungsarbeiten nicht gemacht. Ich regte mich auf: Gleich zwei Dinge waren nicht erledigt. Na ja, es gehört nicht zu meinen Lieblingsbeschäftigungen als Leiter, ihn aufzusuchen und darauf anzusprechen.

Ich überlegte mir: »Wie wird er wohl reagieren? Im besten Fall: ›Ich habe es leider vergessen.‹« Ich sprach ihn darauf an. Er sagte, er habe es nicht gemacht, weil andere es auch nicht gemacht hätten, er habe nun einfach warten wollen, schauen, was jetzt passiert, wie es weitergehe.

Da wurde ich wütend und schimpfte mit ihm: »Ich habe Gescheiteres zu tun, habe keine Zeit, mich um solche Dinge zu kümmern, die *klappen* müssen. Wenn jeder so denkt, putzt hier niemand mehr.« Er solle als Koordinator der Reinigungsarbeiten mit einem guten Beispiel vorangehen – und vor allem: Wenn jemand das Ämtli nicht mache und er es bemerke, solle er es ansprechen und nicht einfach stillschweigend nicht mehr putzen, weil der andere es auch nicht macht.

Gegen Ende wurde ich leicht versöhnlicher, nachdem er es allmählich einsah – oder war er nur beeindruckt von meiner Wortgewalt? Ich verabschiedete mich und sagte: »Ich mag dich, Peter, aber so geht das einfach nicht!«

Einige Minuten später tat es mir leid, dass ich so heftig reagiert hatte. Es wurde mir klar: Ich hätte ihm stattdessen einige Fragen stellen sollen: Was geschieht, wenn *alle* so denken und handeln? Was wäre eine *Alternative* gewesen? Wie hättest du auch noch reagieren können, als du merktest, dass jemand nicht geputzt hat?

Ich realisierte, dass ich zu viel von Peter erwartet hatte, dass ich nicht davon ausgehen kann, dass er alles im Griff hat, auch wenn er nun schon acht Jahre bei uns mitlebt.

Und es wurde mir bewusst, dass ich zu wenig Geduld hatte. Auch *Peter* darf gemeinschaftsfähig werden. Wie ich muss er nicht perfekt sein, wir beide dürfen noch üben und uns weiterentwickeln. Ich war beschämt, war jetzt mehr von mir als von Peter genervt und sagte zu Gott: Es tut mir leid!

Was sollte ich jetzt tun? Peter wusste ja nicht, was in mir vorgegangen war. Ich holte etwas Schokolade, klingelte bei Peter und sagte ihm, es tue mir leid, dass ich so heftig überreagiert hätte. Dann fragte ich ihn: »Kannst du mir vergeben?« Er bejahte es, ich war erleichtert. Als Zeichen, dass ich es ernst meinte, gab ich ihm die Schokolade. Wir waren noch einige Minuten im Gespräch, dann ging ich befreit wieder an meinen Schreibtisch zurück. Für mich war es eine schmerzliche wie auch befreiende Erfahrung: Auch ich – nach vielen Jahren gemeinsamen Lebens – kann versagen und brauche die Vergebung von Gott und von meinen Mitmenschen.

Vogelperspektive

Ich habe einen Vogel:
Manchmal, mitten in einer Auseinandersetzung, flattert er davon.
Dann sitzt er wohl versteckt auf einem Ast im Baum über dem
Geschehen und hört aufmerksam zu.
Merkwürdig, wie so vieles sich für ihn da oben anders anhört:
Großes wird klein – Kleines wird groß – anders, als für die
Betroffenen unter dem Baum.
Nachdenklich neigt der Vogel seinen Kopf zur Seite und traut seinen
Ohren nicht. Ihm stehen die Federn zu Berge:
Gibt es denn wirklich einen Grund, sich so zu ärgern? Hat denn
niemand den veränderten Blick gesehen, weil eben Erinnerungen
an früher wach wurden? Und warum ist es nicht allen sonnenklar,
dass ein Missverständnis vorliegt?

»Aufhören!«, zwitschert mein Vogel, »bitte hinhören!«
Er setzt sich auf meine Schulter, knabbert energisch an meinem
Ohrläppchen, bis es mich kitzelt und ein Lächeln über mein Gesicht
huscht. Die Anspannung löst sich in mir, ich werde weit und warm,
offen zum Hören.

Die Auseinandersetzung nimmt eine heilvolle Wende.

Irene Widmer-Huber

Und wenn der andere nervt? Ich brauche meinen Rückzugsraum!

Astrid Eichler: »Ich wünsche mir so sehr Gemeinschaft ... aber bitte komm mir nicht zu nahe« – diese Ambivalenz ist mir in unzähligen Gesprächen begegnet. Man kann wirklich nicht alles auf einmal haben, aber gemeinschaftlich leben heißt nun nicht, alles zu jeder Zeit immer und überall gemeinsam zu tun.

Als Singles muss uns bewusst sein, dass wir ein ungemeines

Vorrecht genießen (manchmal auch erleiden) – so viel Rückzugsraum, Ruhe, Zeit für uns selbst. Welche Mutter von kleinen Kindern kann so etwas je für sich beanspruchen? Dieser Rückzugsraum ist jedoch manchmal auch der Raum für Selbstbezogenheit, Bequemlichkeit und Verwöhntheit. Das muss auch einmal ganz kritisch gesehen werden.

Gemeinschaftliches Leben ist in jedem Fall nicht der Entzug jeglichen persönlichen Lebensraumes. Da gilt es, klare Vereinbarungen zu treffen, die persönlichen Freiraum bewahren können. Solange man noch in der eigenen Wohnung lebt, ist dieser Rückzugsraum ganz natürlich gegeben. Aber auch in einer gemeinsamen Wohnung gibt es einfache Tricks und Vereinbarungen, z. B. ein rotes Schild an der Zimmertür: »Bitte nicht stören«. Das sollte akzeptiert werden. Oder Zeiten im gemeinsamen Ablauf, die von vornherein dafür reserviert sind, dass jeder für sich ist.

Wir müssen uns immer wieder daran erinnern, dass wir sehr verschieden sind, auch in unseren Bedürfnissen nach Ruhe und Zurückgezogenheit. Da braucht es gute Kommunikation. Gemeinschaft kann nur »funktionieren«, wenn wir einander freigeben zum Leben und wenn wir bereit sind für Veränderung.

Wer sich auf Gemeinschaft einlässt, betritt sozusagen ein Trainingszentrum: »Fit werden für den Himmel«. Es geht sicherlich nicht darum, sich in die Gemeinschaft hinein »aufzulösen«. Es braucht die einsamen Zeiten, um in der Gemeinschaft leben zu können.

Und wenn der andere trotz Rückzugsraum nervt?

Irene Widmer-Huber: Die Frage selber verrät schon eine gewisse innere Haltung: Der andere nervt – er verfügt über mich, ich kann nichts anderes tun, als mich zurückzuziehen. Er hat Macht über mich und ich bin seiner »Nerverei« ausgeliefert.

Vielleicht ist es bei solchen Gefühlen an der Zeit, mich einigen provokativen Fragen zu stellen: Warum gebe ich dem andern so viel Macht, dass er mich nervt? Warum lasse ich es zu, dass er mich »nerven« kann? In einer Beziehung gibt es einen Empfänger und einen Sender – und das in regem Wechselspiel. Wer trägt die Verantwortung für das, was ich empfange? Wer trägt die Verantwortung für das, was ich sende? Wer trägt die Verantwortung für das, was der andere sendet bzw. empfängt? Es ist gut, sich immer wieder darüber klar zu werden: Ich selber bin für das, was ich sende, und für das, was ich empfangen will, verantwortlich. Dies gilt umgekehrt auch für mein Gegenüber.

Ich erlebe diese Erkenntnis als sehr befreiend. Es bedeutet, dass ich einer Situation und einer Beziehung nicht einfach ausgeliefert bin. Ich kann meinen Teil aktiv gestalten und beeinflussen. Meine Aktionen und Reaktionen können die Beziehung gleichermaßen bestimmen, auch die Aktionen und Reaktionen meines Gegenübers. Vielfältige Literatur, gerade im Bereich Kommunikationstechniken, kann eine große Hilfe sein, damit das persönliche Verhalten eine Bereicherung für das Gegenüber und auch für einen selbst wird.

Wie viel Verbindlichkeit braucht es? Wie setzt man sie um? Und wie kann verbindliche Gemeinschaft gelingen?

Astrid Eichler: Ich würde vielleicht lieber anders fragen: Wie viel Verbindlichkeit wird gewünscht? Wozu sind die Betreffenden bereit? Manche fragen auch: »Verbindlichkeit – wozu überhaupt?«

Nun, letztlich geht es ja darum, ein »Zuhause« zu finden. Es geht um einen Raum der Zugehörigkeit. Und dieser Raum braucht eine Tür und Wände und ein Dach. Das ist für mich der Sinn von Verbindlichkeit – und das ist für mich auch der Unterschied zu vielen guten und auch tiefen Freundschaften, die ich habe.

Verbindliche Vereinbarungen ersparen es mir und den anderen, immer wieder von vorn anzufangen und alles infrage zu stellen und zu diskutieren. Da sind ein paar Pflöcke in den Boden geschlagen, die unseren gemeinsamen Raum abstecken. Da ist z. B.

klar: »Wir treffen uns jede Woche einmal; wir fahren einmal im Jahr gemeinsam in den Urlaub. Wir lesen ein Buch gemeinsam. Wir haben für bestimmte Ausgaben ein gemeinsames Portemonnaie ...«

Allerdings: Ab und zu ist es gut, diese Pflöcke gemeinsam anzuschauen. Passt das noch in unsere derzeitige Situation? Sind wir gern so dabei oder braucht es Veränderungen? Geben die vereinbarten Verbindlichkeiten uns Raum zum Leben und zum Wachsen oder engen sie ein und entwickeln sich zum Zwang?

Verbindlichkeiten sollen dem Leben und Wachstum dienen – und nicht umgekehrt. Der Gefahr, dass sie zum starren System werden, müssen wir entgegenwirken. Vor allem in der Anfangsphase ist es sicher gut, jedes Jahr einmal gemeinsam die Vereinbarungen zu prüfen und gegebenenfalls zu verändern. Aber auch später sollte das immer wieder geschehen.

Es ist außerdem wichtig, miteinander im Austausch zu bleiben: Unsere Verbindlichkeiten – wie geht es mir mit ihnen? Was fällt mir schwer? Was hilft mir? Sie sollen nicht unbemerkt zu einem knechtenden Gesetz werden.

Und auch da sind wir eben wieder sehr verschieden: Die einen sehnen sich nach Verbindlichkeit und brauchen sie als Schutz. Und es ist gut, dass sie das »gemeinsame Haus« bewahren. Ihre Gefahr ist es, andere darin »einsperren« zu wollen und irgendwann die Verbindlichkeiten wichtiger zu finden als ein frohes Miteinander. Die anderen sind »Freiheitstypen« und wehren sich insgeheim innerlich gegen alles Verbindliche. Sie wollen das Haus offen halten und sorgen für die Weite. Beide müssen sich aufeinander einstellen und immer wieder das Gespräch miteinander suchen. Das Ziel ist nicht, Vereinbarungen zu erfüllen, sondern eine tragende Gemeinschaft zu werden.

Einander zu tragen und vielleicht auch andere tragen zu können – das braucht feste Verbindlichkeiten.

Ich habe Angst, dass ich wieder enttäuscht und verlassen werde!

Astrid Eichler: Der Umgang mit Enttäuschungen gehört meines Erachtens zu den anspruchsvollsten geistlichen Aufgaben unseres Lebens. Denn es gibt kein Leben ohne Enttäuschungen. Und danach sind wir entweder »bitter oder better«, wie es in einem englischen Ausspruch heißt.

Nicht von ungefähr habe ich im ersten Kapitel meine Geschichte mit Gemeinschaft so ausführlich erzählt. Es war ein Weg voller Enttäuschungen, Grund genug zu sagen: »Nie wieder!« Ich wäre enttäuscht, frustriert, bitter zurückgeblieben. Aber sie hätten mir den guten Boden zum Leben geraubt.

Es geht nicht darum, so zu tun, »als ob«. Mit einem Lächeln weitergehen: »Macht mir alles nichts aus.« Nein, das ist es auch nicht! Enttäuschungen brauchen Zeit. Der Schmerz kann mir Wichtiges über meine Erwartungen, Hoffnungen, Illusionen, über meine Unreife, meinen Unglauben sagen. Und es braucht vielleicht auch gute Begleitung.

Es ist wichtig, den Schmerz wahrzunehmen, zuzulassen, nicht zu verdrängen. Es ist nötig hindurchzugehen. Und es ist gefährlich, in ihm sitzen zu bleiben, sich darin zu baden. Der Sog des Selbstmitleids ist nicht ungefährlich, und Selbstmitleid lähmt, raubt Lebenskraft. Hier tut sich ein Kampf auf, der bestritten werden muss. Oft ist es ein Kampf gegen uns selbst, gegen verletzten Stolz, gegen das »Recht«, verletzt zu sein. Das kostet Zeit und Kraft, aber es ist möglich.

Und gerade dann, wenn wir uns verraten und verkauft vorkommen – dann will Gott uns viel näher kommen, als wir ihn jemals erlebt haben. (Schließlich hat er das selbst am schlimmsten erlebt ...)

Lassen wir das zu? Lassen wir uns darauf ein, um dann gemeinsam mit ihm einen neuen Versuch zu wagen? Wir können reich werden, wenn wir wieder aufbrechen und es noch einmal wagen.

Irene Widmer-Huber: Und im besten Fall wandeln sich die Enttäuschungen zu Erfahrungen, die zur Bereicherung für das Neue werden: Was bewährt sich nicht für mich im gemeinschaftlichen Leben? Wo lauern Gefahren, die eine Gruppe lähmen und kaputt machen können? Solche Fragen können dann besonders früh und wachsam wahrgenommen und gestellt werden – und neues Unheil kann vielleicht verhindert werden.

Was kann ich tun, wenn Einzelne sich dominant »ausbreiten« und andere nicht zum Zug kommen? Wie ist das mit den Schwachen und den Starken in einer Gemeinschaft?

Astrid Eichler: Die Lauten und die Leisen, die Schnellen und die Langsamen, die Starken und die Schwachen – oder wen man dafür hält. Vielleicht eine der größten Herausforderungen an jeden Einzelnen in einer Gemeinschaft.

Die Lauten sind nicht immer die Starken – und oft ist die Wahrnehmung von anderen ganz anders als die eigene. Gefährlich wird es, wenn wir einander auf die jeweiligen Rollen festlegen. Und auch hier heißt es: Wir alle sind Lernende und brauchen Übung – und Humor. Wir müssen lernen, uns selber wahrzunehmen. Dazu sind Fragen hilfreich, die ich den anderen und mir selbst immer wieder stelle:

– Wie erleben mich die anderen?
– Worum geht es mir in der Gemeinschaft?
– Will ich selbst gut dastehen und erreichen, dass die anderen tun, was ich will? Oder will ich der Gemeinschaft dienen, damit jeder seinen Platz findet und einnimmt?
– Bin ich bereit, die Gaben der anderen zu achten und mich beschenken zu lassen?

Die Fragen gehen immer in beide Richtungen. Es gibt auch eine »Tyrannei der Schwachen«, die Gemeinschaft zerstört. Ständige Minderwertigkeit von denen, die sich als die Schwachen empfinden, kann eine Gemeinschaft genauso blockieren wie Dominanz.

Auch hier braucht es große Offenheit miteinander und die Fähigkeit, auf Anfragen ohne Beleidigung zu reagieren.

Wenn es in Gesprächen und Austauschrunden immer wieder passiert, dass es Vielredner und Schweiger gibt, kann es eine große Hilfe sein, eine bestimmte Redezeit zu vereinbaren, damit jeder zu Wort kommt und Raum hat, sich mitzuteilen, ohne andere zu erschlagen.

Ansonsten: Es hilft ungemein, über sich selbst und die eigenen Schwächen und Fehler zu lachen. Niemand muss alles können und keiner muss sich selbst völlig umkrempeln.

Und noch etwas: Natürlich suchen vor allem die Verletzten, die Schwachen, die, deren Leben belastet ist, einen Ort, an dem sie leben können, an dem andere ihnen helfen, im Leben zurechtzukommen. Das ist eine wichtige Dimension christlicher Gemeinschaft und gehört unabdingbar zu den Fragen gemeinschaftlichen Lebens dazu. Aber auch hier gilt es, sehr achtsam vorzugehen. Nicht jede kleine Gruppe kann zu jeder Zeit für jeden eine tragende, dienende Gemeinschaft sein. Um andere unterstützen zu können, braucht es eine gewisse Tragfähigkeit. Und dafür braucht es entsprechend starke Menschen, die zusammengewachsen sind und ihre Kraft realistisch einschätzen können. Es bringt nichts, wenn eine Gemeinschaft aus lauter Verantwortlichkeit für andere über die eigenen Kräfte hinaus wirkt. Immer wieder muss geprüft werden: So, wie wir jetzt zusammen sind – wie viel Kraft haben wir für welche Aufgaben? Was können wir gemeinsam leisten? Was ist unser Auftrag und Dienst, den wir wirklich gemeinsam übernehmen wollen? Und wo geht es darum, den Mut zu haben, Nein zu sagen?

Irene Widmer-Huber: Hilfreiche biblische Wegweisung ist mir für diese Frage auch das Liebesgebot, das heißt die Aufforderung, Gott zu lieben und den Nächsten wie sich selbst (vgl. Matthäus 22,37-39). Das dreifache Gebot birgt in sich das Gleichgewicht, das wir immer wieder finden müssen:

Erstens: Liebe Gott – wer ihn an erster Stelle hat, erfährt die Liebe eines Gottes, der uns nicht überfordert. Seiner liebenden Führung anbefohlen, werden wir von ihm zwar manchmal einen herausfordernden, aber immer gesunden, heilvollen Auftrag erhalten. Er fordert nicht mehr von uns, als uns guttut.

Zweitens: Liebe den Nächsten – wer geliebt und angenommen ist, kann destruktive Muster angehen und verändern, muss nicht verzweifelt um seinen Platz und seine Rechte kämpfen – das vereinfacht das Zusammenleben. Und es gilt auch für den Schwächsten, zu lieben. Auch in ihm ist diese Fähigkeit in Jesus angelegt. Dies auszugraben, ist manchmal ein Gebot der Stunde. Keiner ist nur Gebender, keiner nur Nehmender. Manchmal braucht es viel Ermutigung und auch ein Umdenken, aus der Rolle des »Immerschwachen« oder »Immerstarken« auszusteigen.

Und drittens: ... wie dich selbst: Liebe heißt auch Selbstfürsorge. Christliche Selbstaufgabe ist Aufgabe in Jesus hinein – der ganz für uns sorgt, der unser Bestes will, der nicht überfordert. In diesem Sinne, weil Christus in uns wohnt, sind wir aufgerufen, für uns Sorge zu tragen. Dies impliziert auch ein »Nein« und ein Überprüfen, ob die Rolle, die ich in der Gemeinschaft einnehme, wirklich die ist, die Jesus für mich gedacht hat.

Rollenspiele

Wir kennen uns, Jahre schon.
Oder nur Monate, aber wir meinen, wir kennen uns.
Er ist stark. Sie ist schwach.
Er ist laut. Sie ist verschlossen.
Er redet nicht. Sie schwatzt zu viel.
Er vergisst alles. Sie ist zuverlässig.
Ich kann nichts. Du kannst alles.
Studenten sehen fern. Handwerker arbeiten hart.
Alte sind klug. Junge sind unerfahren.
Frauen kochen gut. Männer waschen ab.
Kinder sind frech, Leiter haben keine Schwächen,
Depressive sind krank, alle andern sind gesund.
Jesus ist?
Der Erlöser.

Irene Widmer-Huber

Wie ist das mit der Leitung? In welcher Phase ist wie viel Leitung nötig und sinnvoll?

Astrid Eichler: Schauen wir uns die »klassischen Gemeinschaften« an, dann sind sie in der Regel sehr klar strukturiert. Sie haben einen gemeinsamen Auftrag (aktiv oder kontemplativ), und um darin gut dienen zu können, braucht es klare Strukturen und Hierarchien. Sonst kann es nicht funktionieren.

Je größer so ein Gebilde ist, umso klarer muss geordnet sein, wer wem was wann zu sagen hat. Umso klarer muss man aber auch die Fragen um Macht und Machtmissbrauch im Blick haben.

Die Notwendigkeit und Art von Leitung hängt sehr vom Typ der Gemeinschaft und von der Größe ab. Bei EmwAg denken wir vor allem an kleine gemeinschaftliche Lebenszellen, in denen ca. drei bis sieben Menschen ihr Leben teilen, später vielleicht auch ihren Alltag. Hier müssen Aufgaben verteilt, Arbeitsabläufe organisiert werden. Man ist einander verantwortlich für das, was man übernommen hat. Das trifft auch zu, wenn sich Projekt- oder Dienstgruppen bilden. Verantwortungen müssen vergeben, Aufgaben verteilt werden. Aber es braucht keine umfassende Hierarchie.

Die in sich selbstständigen EmwAg-Lebenszellen sollen miteinander verbunden, vernetzt sein, um einander dienen zu können, miteinander und voneinander zu lernen. Nicht jede Gruppe oder Zelle muss alle Fehler selbst machen. Synergien können sich bilden, Kompetenzen für alle fruchtbar gemacht werden. Da wird Energie freigesetzt.

Im Netzwerk geschieht die Zuordnung in konzentrischen Kreisen. Die bundesweite Ebene und die einzelnen Regionen brauchen den Dienst von jeweils kleinen Teams, damit andere eingeladen werden können, sich auf den gemeinsamen Weg zu begeben.

Leitung ist für mich eine Frage der Bereitschaft zum Dienen. Im Unterschied zu anderen, die für sich selbst suchen und fragen können: »Was ist für mich jetzt das Beste?«, ist es die Aufgabe von Leitung, zu fragen und zu suchen: »Was dient den anderen jetzt am meisten?«

Irene Widmer-Huber: Oft ergeben sich Leitungsstrukturen, wenn man sie nicht bewusst plant oder darüber spricht. Wer ergreift die Initiative für ein nächstes Treffen? Wer fasst das Gesagte zusammen? Wer erinnert daran, einen neuen Termin festzusetzen? Wer eröffnet ein Gespräch? Oft sind es solch kleine Zeichen, die einem verraten, wer bewusst oder oft unbewusst ein Stück Leiterschaft übernommen hat. Ob dies aber für alle okay bzw. offensichtlich ist, ist damit nicht beantwortet. Deshalb plädiere ich für einen offenen Umgang in Bezug auf Leiterschaftsfragen und Aufgaben, die die Einzelnen in der Gruppe übernehmen. Wer seine Rolle entsprechend seiner Gaben in einer Gruppe einnehmen darf und kann, steuert viel zum Wohlbefinden aller bei, denn bei diffusen, unausgesprochenen Rollenkonflikten muss jedes Mitglied fortlaufend um seinen Platz kämpfen.

Leiterschaft lässt sich für mich mit der Arbeit einer Hebamme vergleichen. Ich darf dienen, anderen zum Leben verhelfen, Einzelnen, aber auch der ganzen Gruppe. Gaben entdecken und fördern, Verletzbares auf dem Weg zu geschütztem Lebensraum begleiten, Erdrückendes erkennen und ansprechen, Strukturen vorschlagen, die Lebensraum ermöglichen, Konflikte ansprechen, die Leben ersticken – einfach ein waches Auge für die heilvolle Entwicklung der Gruppe haben. Das sind für mich klassische Leitungsaufgaben. Und: Leiterschaft hat für mich ein Ziel: Menschen auf dem Weg zu einem mündigen, selbstverantwortlichen Christsein zu begleiten – und dies bedeutet immer auch, zur Gemeinschaft zu befähigen.

Wie geht es den Kindern? Wie macht ihr es, dass sie nicht zu kurz kommen?

Irene und Thomas Widmer-Huber: Wir haben in Rundbriefen und sonstigen Notizen zwei Aussagen gefunden. Als Rahel, unsere Älteste, vier Jahre alt war, sagte sie einmal zu uns: »Ich möchte gerne mit zwanzig Personen am Tisch sitzen und essen.« Damals wusste sie noch nicht, dass wir bald in eine größere Gemeinschaft umziehen würden und ihr Wunsch Wirklichkeit werden sollte. Als wir fünf Jahre später durch den Auszug einer Mitbewohnerin auf das Thema »Ausziehen« kamen, sagte Rahel: »Ich ziehe nur aus, wenn die WG mitkommt!«

Als Familie haben wir eine eigene Wohnung und essen am Wochenende bewusst allein. Wir achten darauf, dass wir am Gemeinschaftstisch die Kinder an unserer Seite haben, damit das Gespräch mit ihnen möglich wird. Aber es sind noch andere Personen da, mit denen wir ebenfalls reden, und beim Kaffee direkt nach dem Essen sind die Kinder normalerweise nicht mehr dabei.

Es gibt eine Regel, die wir allen Neuankömmlingen in unserer Gemeinschaft deutlich kommunizieren: »Unsere Kinder haben in der Regel Vorrang.« Es darf Ausnahmen geben – ein echter Notfall in der Gemeinschaft kann einmal über dem Hausaufgabenproblem eines Kindes stehen –, aber es ist die Ausnahme, die grundsätzlich die Regel bestätigt. Wir versuchen, unseren Kindern folgende Botschaft vorzuleben: Ihr habt den ersten Platz in unseren Elternherzen, den ihr mit niemandem in der Gemeinschaft teilen müsst – aber ihr seid auch nicht uneingeschränkt der Nabel der Welt, um den sich alles dreht – denn das Leben ist auch nicht so. Unsere Welt braucht gemeinschafts- und konfliktfähige Menschen, die ihre Interessen spüren und vertreten – aber auch einmal zurücktreten und verzichten können. Dass wir alle – auch unsere Kinder – dies im alltäglichen Miteinander einüben können, ist unsere Hoffnung.

Und: Alles hat seine Vor- und Nachteile – das Gemeinschaftsleben wie auch die klassische Kleinfamilie. Wir hoffen, dass unsere Kinder für sie entstehende Nachteile offen formulieren können. Das ermöglicht uns, entsprechend zu reagieren. Mir (Thomas) fiel vor etwa zwei Jahren auf, dass unsere Kinder mehr von sich erzählen, wenn wir als Eltern allein mit ihnen essen. Gleichzeitig spürte ich von mir her das Bedürfnis, mehr Zeit mit den Kindern zu verbringen, auch am Esstisch. Zum Dritten realisierte ich, dass ich schon länger eigentlich weniger häufig in der Gemeinschaft essen wollte, dass es mir zu viel wurde, dass ich mich in den letzten

Jahren manchmal überfordert hatte und somit nicht einfach gewohnheitshalber weitermachen wollte, was wir bei der Gründung der Gemeinschaft »Ensemble« angefangen hatten: unter der Woche fünf Mittagessen und fünf Abendessen in Gemeinschaft. So regte ich an, dass wir auch unter der Woche zweimal nur als Familie miteinander Mittag essen. Damit haben wir gute Erfahrungen gemacht.

Und wenn wir jetzt nochmals umziehen und das gemeinschaftliche Leben neu gestalten, können wir uns, den Voten der Kinder entsprechend, noch mehr als Familie organisieren, auch am Esstisch. So hat alles seine Phasen, seine Chancen und Gefahren. Ein offener Umgang mit den heiklen Themen, die Bereitschaft, auf neue Bedürfnisse zu reagieren, aber auch die Einsicht, dass Unperfektes zum Leben gehört und wir lernen wollen, diesem standzuhalten, erwiesen sich als gute Richtlinien für uns Eltern im Umgang mit unseren Kindern.

Aber eigentlich müssten die Kinder *selbst* gefragt werden. Deshalb haben wir unsere Kinder motiviert, auch etwas zu schreiben.

J. Widmer (12): Ich finde das WG-Leben eigentlich sehr toll, aber ich finde es auch manchmal komisch oder blöd, wenn z. B. X beim Essen plötzlich anfängt, vor sich hin zu reden, oder wenn Y freitags stundenlange Kommentare von sich gibt, die mich nur selten interessieren, und ich dann trotzdem noch am Tisch bleiben muss.

Aber es gibt auch sehr viele coole Vorteile: zum Beispiel Tischtennis spielen, wichteln an Weihnachten, Spaß haben, spielen ... Einmal durften wir Kinder sogar mit Dave, Raphael und Delin nachts im Winter Schlittenfahren gehen.

In der WG finde ich es auch toll, dass immer jemand da ist, der etwas mit einem macht. Zum Beispiel haben wir mal mit Daniel ein lustiges Lied über alle WG-Mitbewohner gedichtet oder im Sommer ganz lange Tischtennis gespielt. Wir können auch oft mit Markus Spiele machen oder so.

M. Widmer (11): Nachteile: Wir essen am Mittag dreimal pro Woche und am Abend fünfmal mit der Gemeinschaft, das finde ich ja schon gut. Aber ich kann Mama oder Papa weniger erzählen, weil die meistens besetzt sind. Und wenn ich dann zu einer Gelegenheit komme, ihnen etwas zu erzählen, hören oft die anderen auch zu, und das finde ich zum Teil nicht so lustig. Beim Abwaschen gibt es auch immer mehr zu tun.

Vorteile: Wenn wir ein Spiel spielen wollen, aber zu wenig Spieler sind, dann sind da noch schnell andere Spieler aufzutreiben. Auch an Silvester machen wir mit der Gemeinschaft immer tolle Gruppenspiele, die natürlich viel lustiger sind, wenn wir so viele sind. Man erlebt auch mehr in einer Gemeinschaft. Wir gehen jedes Jahr in ein Pfingstlager, und das finde ich cool. Wir wichteln jedes Jahr in der Zeit vor Weihnachten. Bei diesem Spiel zieht jeder einen Namen und macht dem, den er gezogen hat, anonym kleine Geschenke. An Weihnachten muss man dann herausfinden, wer sein Wichtel war. Also eigentlich finde ich es gut, in einer Gemeinschaft zu wohnen.

R. Widmer (14): In einer Gemeinschaft zu leben bedeutet, abgesehen von der Familie täglich noch von vielen anderen Menschen umgeben zu sein. Ob das nun positiv oder negativ ist, schwankt von Tag zu Tag. Manchmal stelle ich mir vor, wie es wäre, nur mit der Familie zusammenzuwohnen, aber das ist eigentlich schwierig, weil ich schon mein ganzes Leben in einer Gemeinschaft lebe und nichts anderes kenne. Es ist einfach so und ich habe mich daran gewöhnt, ich denke selten darüber nach. Weil ich meistens auch keinen Grund dazu habe, denn es ist im Großen und Ganzen gut so, wie es ist, und ich kann mich nicht beklagen. Nur manchmal wünsche ich mir mehr Privatsphäre und ärgere mich darüber, wie viele Menschen bestens über mein Leben Bescheid wissen. Wenig bleibt geheim und auch wenn es nur banale Dinge wie Schulnoten oder Freizeitaktivitäten sind – es ist schwierig, den Eltern etwas mitzuteilen, ohne dass es alle anwesenden WG-Mitbewohner mitbekommen, die nicht selten ihren Senf dazu abgeben.

Aber natürlich gibt es auch viele positive Seiten, weil sich leicht jemand finden lässt, der sich mit einem beschäftigt. Wir haben schon unzählige Stunden mit kinderfreundlichen WG-Mitgliedern verbracht. Sei es bei Kinobesuchen, Schlittenausflügen in der Nacht, Spieleabenden oder Tischtennisturnieren – es wird nie langweilig. Ein weiterer Vorteil ist natürlich auch, dass wir, wenn wir morgens zum Beispiel Milch brauchen und keine mehr da ist, nicht darauf verzichten müssen, sondern im Nachbarhaus ohne große Umstände welche holen können. Oder wir besorgen bei ihnen das Schokoladenpulver Ovomaltine, das Mama praktisch nie kauft.

Außerdem ist immer jemand da, wenn es ein Problem gibt und man die Eltern gerade nicht finden kann. Als sich zum Beispiel das Meerschweinchen unter dem Schrank verkrochen hatte und nicht mehr hervorkommen wollte, waren sofort zwei starke Männer dazu bereit, den Schrank zu verschieben. Für unsere tierischen Freunde ist es allgemein praktisch, in einer WG zu leben, unsere Katzen werden mit zusätzlichen Streicheleinheiten verwöhnt und die Nagetiere zuverlässig gefüttert, wenn wir in den Ferien sind. Auf Reisen brauchen wir uns nie Sorgen um unseren kleinen Zoo zu machen, weil er immer bestens versorgt ist.

Ich finde, wir haben eine gute Mischung zwischen WG- und Familienleben. Wenn wir keine eigene Wohnung hätten, würde es mir wahrscheinlich schnell zu viel werden, doch so macht es Spaß, weil wir zwar nicht jede freie Minute mit den anderen verbringen, aber trotzdem viel Abwechslung haben.

Inwiefern gehören die Kinder zur Gemeinschaft oder Kommunität?

Thomas Widmer-Huber: Die Kinder sind Teil der Gemeinschaft, primär gehören sie zur Familie. Dem Umstand, dass die Kinder nicht freiwillig in Gemeinschaft leben, müssen die Eltern Sorge tragen, etwa indem sie entsprechend dem Alter und der persönlichen Entwicklung der Kinder das Familienleben bewusst pflegen. Mit 18 und insbesondere nach ihrem Auszug aus dem Elternhaus gehen die Kinder natürlich ihre eigenen Wege. Deshalb ist bei Gütergemeinschaft eine sinnvolle Regelung zu treffen, die garantiert, dass der Kommunität nicht das ganze Familienvermögen gehört. Analoge Regelungen braucht es betreffend Erbschaften. Von einer Familienkommunität wissen wir, dass Kinder, die verheiratet sind und Mitglied werden wollen, eine Zeit lang *außerhalb* der Kommunität leben müssen. Erst dann können sie sich um eine Aufnahme bewerben.

Irene Widmer-Huber: Mit zunehmendem Alter stellen wir es den Kindern vermehrt frei, an welchen Anlässen der Gemeinschaft sie teilnehmen wollen und an welchen nicht. Dort, wo ihr Dabeisein unvermeidbar ist, zum Beispiel bei gemeinsamen Essenszeiten, müssen wir die Häufigkeit fortlaufend überprüfen und anpassen.

Und: Kinder sind in intensiven Gemeinschaften, gerade in Haus- oder Wohngemeinschaften, auch in besonderem Maße möglichen Grenzüberschreitungen ausgesetzt, z. B. im sexuellen Bereich. Wir halten ein waches Auge darauf. So dürfen sich unsere Kinder z. B. nur in den Gemeinschaftsräumen, nicht aber in den Zimmern der Mitbewohner aufhalten. Wir holen bei Unsicherheiten Referenzen über Bewerber ein, wo wir ein pädophiles Verhalten nicht ausschließen können.

Wir wollen gemeinsames Eigentum – aber ist das nicht viel zu gefährlich?

Astrid Eichler: Schon viele christliche Gemeinschaften sind an Fragen des Eigentums und Geldes zerbrochen. Insofern: Es ist gefährlich – aber es ist nicht unmöglich!

Zum christlichen Leben gehört das Miteinander-Teilen unabdingbar dazu. In Zeiten von Wirtschafts- und Finanzkrisen, zunehmender Arbeitslosigkeit und Armut ist es dringend nötig, dass wir als Christen alternative Lebensmodelle entwickeln, die auch die Fragen von Geld und Besitz einbeziehen.

Es geht eben wirklich nicht nur um christlichen *Glauben*, sondern um christliches *Leben*.

Es fängt im eigenen Herzen an.

Solange mein Herz noch an materiellen Dingen hängt, sollte ich mich davor hüten, mit anderen Abenteuer zu riskieren. Solange Geld und Besitz für mich noch hohe Priorität haben, sollte ich sehr vorsichtig sein, in einem Rausch von gemeinschaftlichen Gefühlen unüberlegte Teilungsprojekte zu starten.

Habe ich in meinem Herzen eine fröhliche Freiheit, loszulassen, abzugeben, weniger zu haben, zu verlieren? Um diese Freiheit sollte ich beten und ringen – und wenn ich sie in meinem Herzen spüre, dann kann ich mich gemeinsam mit anderen und mit kompetenten Beratern auf einen Weg machen.

Ein Satz begleitet mich seit Jahren: »Je christlicher, umso schriftlicher.« Dies aber nicht aus Angst, dass ich zu kurz komme, sondern zum Schutz unserer Gemeinschaft.

Und wenn es schiefgeht? Dann geht es darum, die Niederlage zu bewältigen, Enttäuschung zu verarbeiten und mit den gelernten Lektionen fröhlich und klüger weiterzugehen.

Irene Widmer-Huber: Vielleicht lassen sich auch noch andere Arten des Teilens entdecken – vordergründig vielleicht weniger »gefährliche«, aber genauso wichtige und von uns einzuübende: Wir haben nicht nur Geld zu geben, sondern auch unsere Gaben, unsere Zeit, unser Herz, unser Wissen. Meines Erachtens kann auch hier eine Form von »Gütergemeinschaft« liegen – wo sich Hingabe, Großzügigkeit und Teilen üben lassen. Was ist christliche Selbstverleugnung? Wir verleugnen uns nicht in erster Linie gegenüber der Welt, sondern allein gegenüber Christus. Wo er groß wird – und wir klein –, führt das in wahre, wohltuende Armut und Freiheit. Da kommen wir nicht zu kurz, da geben wir anderen nicht das Recht, uns »zu Tode« zu fordern. Das ist ein großer Unterschied – zum »Leben« oder »Verderben«.

Wie finden wir ein geeignetes Haus?

Thomas Widmer-Huber: Weiterführend kann das Gespräch mit Personen sein, die sich auskennen oder von Berufes wegen mit vielen Leuten im Kontakt sind: mit Architekten, Immobilienhändlern, Bankangestellten, Gemeindepräsidenten, Pfarrern und Leitern von diakonischen Institutionen.

Zudem lohnt es sich, sich über Trends im Wohnbereich zu informieren.

- In der Schweiz zum Beispiel werden in den nächsten Jahren viele Bauernhäuser frei. Es sind häufig Mehrfamilienhäuser. Können hier neue Wohnprojekte entstehen?
- Viele Einfamilienhäuser sind auf dem Markt, weil ältere Leute gerne vom Einfamilienhaus in eine kleinere Eigentumswohnung umziehen. Wenn sie frei stehend sind, ist eventuell ein Aus- oder Anbau möglich.
- An manchen Orten werden Liegenschaften frei, die bisher von Kirchen, Ordensgemeinschaften, Diakonissenhäusern, Einrichtungen des Gesundheitswesens oder Firmen genutzt wurden. Auch hier stellt sich die Frage, ob sie umgebaut und für neue Gemeinschaftsmodelle genutzt werden können.

Nähe und Distanz

Immer wieder begegnet sie mir – diese Frage nach der gesunden Nähe in den Beziehungen, nach Missbrauch und Grenzverletzungen, nach Abhängigkeiten und Beziehungsverlust. Vielleicht ist es letztlich eine Frage nach »Mein« und »Dein«, nach Verantwortlichkeiten und Grenzen.

Mein ist mein Herz, mein ist meine Seele.
Mein ist die Entscheidung, Ja zu sagen oder Nein.
Mein ist meine Art zu glauben und meine Beziehung zu Gott.
Mein ist meine Vergangenheit, meine Geschichte und meine Prägung.
Mein sind meine Wunden und meine Sorgen.
Mein ist mein Glück, meine Hoffnung, meine Freude.
Mein sind meine Sehnsüchte und meine Träume.
Mein ist mein Körper und meine Zeit.
Mein sind meine Gedanken und Gefühle.

Ich übe mich darin, meinem Gegenüber all dies genauso zuzugestehen.

Dein ist dein Herz, dein ist deine Seele ...

Mein bleibt die Befugnis, mich leise zu öffnen:
Dir etwas zu zeigen von meinem Herzen, meinen Träumen,
meinen Vorlieben und Neigungen, meinen Schwächen und Stärken,
Sonnen- und Schattenseiten.

Dein bleibt die Befugnis, dich leise zu öffnen.
Ich billige dir Zeit zu:
In meiner Entscheidung liegt es, dir Raum in meinem Leben, in
meinem Herzen, in meiner Planung zu geben.
Ich übernehme Verantwortung für mein Handeln und Erzählen.
Ich übe mich darin, respektvoll stehen zu bleiben, wo du nicht mehr
von dir preisgeben magst.

Es ist nicht an dir, für meine Probleme die Lösungen zu haben,
und meine Sorgen sollen dich nicht erdrücken, denn meine Sorgen sind
meine Sorgen, meine Probleme nicht deine Probleme. Wo mich dein
Wort tröstet, dein Rat weiterbringt und dein warmer Blick
aufrichtet, empfange ich es als unverdientes Geschenk.

Ich nehme meine Wünsche an dich wahr und fasse den Mut,
sie zu formulieren.
Magst du mir zuhören? Eine halbe Stunde?
Magst du mir einen Rat geben, mir deine Meinung sagen?
Magst du einfach da sein und meine Tränen aushalten –
und mir leise den Arm um meine Schultern legen?
Magst du mit mir lachen, tanzen, singen und dem Frühling
entgegenrennen?
Magst du?

Machst du dich genauso auf den Weg, all das einzuüben,
dass Beziehung gelingen kann?
Wollen wir es wagen, Fehler zu machen, anzusprechen, zu vergeben?
Nochmals und nochmals, aufstehen und fallen, aufstehen und fallen –
Veränderung zulassen, Korrektur entgegennehmen, Gelungenes feiern?

Und in allem hoffe ich auf diese ganz andere Dimension in unserer
Beziehung:
Gemeinsam stehen wir unter dem Kreuz: alle Heilung, jede Lösung,
jeder Rat kommt aus ihm. Das entlastet dich – und mich.
Ich lasse los: Sein ist mein Leben, sein meine Seele, sein meine
Freundschaften und Beziehungen.
Er wird's wohl machen (Psalm 37,5).

Irene Widmer-Huber

Literatur- und Internet-Tipps

Ausgewählte Bücher:

Astrid Eichler: *Gott hat gewonnen,* SCM R.Brockhaus Witten 2003.
Es ist ein sehr persönliches Buch, ich erzähle meine Lebensgeschichte. Ich möchte die Leser dazu ermutigen, sich auf Gott einzulassen und dann ebenfalls zu entdecken: Wenn er in unserem Leben gewinnt, haben wir den Hauptgewinn. In diesem Buch findet sich auch der Anfang von »dem Anderen«, dem Buch, das drei Jahre später entstand.

Astrid Eichler: *Es muss was Anderes geben. Lebensperspektiven für Singles,* SCM R.Brockhaus Witten 2006.
Aus den ganz persönlichen Erfahrungen als Single wird eine Perspektive, die für viele großen Gewinn bringen kann. Mit diesem Buch fing alles an, was jetzt kurz EmwAg genannt wird.

Lawrence J. Crabb: *Connecting – Das Heilungspotential der Gemeinschaft. Ein radikal neuer Ansatz, die Kraftquellen Gottes zu entdecken,* © Brunnen Verlag Basel 2007.
Crabb, jahrzehntelang als Psychologe und Psychotherapeut tätig, hat entdeckt, dass unsere herkömmlichen Arten, auf Probleme zu reagieren (z. B. Moralisieren, Therapieren) nicht der Art Gottes entsprechen, mit uns umzugehen. »Das eigentliche Problem ist unsere beziehungslose Seele. Was unsere moderne Gesellschaft am meisten braucht, sind Gemeinschaften – echte Gemeinschaften, wo Gott zu Hause ist.« Das Buch ist eine Einladung, die tiefe Sehnsucht nach Gemeinschaft im eigenen Herzen wahrzunehmen und aufzubrechen in »neues Land«.

Bernhard Waldmüller: *Gemeinsam entscheiden. Ignatianische Impulse,* Echter Verlag Würzburg 2008.
Dieses Buch geht auf die vielleicht größte Herausforderung gemeinschaftlichen Lebens ein, nämlich gemeinsam Entscheidun-

gen zu treffen. Waldmüller führt in die ignatianische Praxis ein, die wertvolle Leitlinien für diesen Prozess enthält.

Dominik Klenk (Hrsg.): *Riskiere Dein Herz. Wunder und Wagnisse mit Gott erlebt,* Brunnen Verlag Gießen und Basel 2008.
Hier erzählen ganz »normale« Menschen, wie sie es gewagt haben, auszusteigen, aufzubrechen, Neues zu beginnen, auf ungebahnten Wegen zu gehen – und wie sie dabei Gott erlebt haben.

Ein CVJM-Sekretär und seine Frau, Horst-Klaus und Irmela Hofmann, luden Studierende der 68er-Bewegung zu gemeinsamem Leben ein. Ein Wagnis, das viele Wunder nach sich zog. Die Gemeinschaft besteht bis heute.

Das Buch gibt nicht nur Einblick in die zurückliegenden Jahrzehnte dieser Gemeinschaft, sondern enthält in erzählender Form viel Lebens- und Glaubensweisheit unserer Tage.

Thomas Widmer-Huber: *Gemeinschaftliches Leben mit Chancen,* Edition Ensemble Riehen 2003.
Persönlicher Rückblick auf viereinhalb Jahre Lebensqualität in der Wohngemeinschaft Giessliweg in Basel sowie auf die ersten drei Jahre in der diakonischen Gemeinschaft »Ensemble« in Riehen bei Basel. Einsichten aus unseren Erfahrungen, biblische Aspekte und grundsätzliche Überlegungen zum gemeinschaftlichen Leben.

Karl Flückiger/Thomas Widmer (Hrsg.): *Neue Wohnprojekte braucht das Land! Wohnmodelle und Gemeinschaften mit diakonischem, pädagogischem und therapeutischem Auftrag. Handbuch für amtierende und künftige Hauseltern und Leiter(innen),* Schriibschtell Christuszentrum Zürich 2003 (erhältlich via fachstelle@offenetuer.ch).
Ein praxisnahes Handbuch von zwei langjährigen Gemeinschaftsleitern mit grundlegenden Beiträgen und Interviews mit Leitern von neuen Projekten und alten Hasen. Eine Umfrage unter Hauseltern wird inhaltlich-systemisch ausgewertet. Tipps und Checklisten. Auch für Gemeinde- und Werksleiter(innen), die den Aufbau von Wohnprojekten begleiten.

Jean Vanier: *In Gemeinschaft leben. Meine Erfahrungen,*
SCM R.Brockhaus Witten 1999.
Überarbeitete Neuausgabe des Klassikers »Gemeinschaft, Ort der
Versöhnung und des Festes«. Der Autor – weltweit bekannt als
Gründer der Arche-Gemeinschaft – hat mit diesem Buch ein Stan-
dardwerk über christliche Gemeinschaft in Gruppen, in der Ge-
meinde, in Lebensgemeinschaften und Kommunitäten geschaffen.

Dietrich Bonhoeffer: *Gemeinsames Leben,* in: Gerhard L. Mül-
ler/ Albrecht Schönherr (Hrsg.), Gemeinsames Leben / Das Gebetbuch der Bibel © 1993, Gütersloher Verlagshaus, Gütersloh, in
der Verlagsgruppe Random House GmbH.
Seit Jahrzehnten das Standardwerk zum Thema. Bonhoeffer
schrieb über seine Erfahrungen als Leiter des Predigerseminars
und Bruderhauses der Bekennenden Kirche in Finkenwalde. Das
Buch kommt aus der Praxis des gemeinsamen Lebens, schon die
ersten 30 Seiten zum Thema Gemeinschaft sind für viele wegwei-
send geworden.

Doris Kellerhals: *Heilende Gemeinschaft in der Postmoderne unter besonderer Berücksichtigung der Benediktusregel. Ein Beitrag
zum Bau von kirchlicher Gemeinschaft,* Friedrich Reinhardt Verlag Basel 2008.
Dissertation der Oberin der Kommunität Diakonissenhaus Riehen bei Basel. Für zahlreiche Orden und Gemeinschaften ist seit
Jahrhunderten die Benediktusregel zentral, begründet von Benedikt von Nursia bei Perugia (um 480–547). Die Verfasserin thematisiert die Übertragung für die Postmoderne. Ein Fundus für eine
vertiefte Auseinandersetzung mit dem gemeinschaftlichen Leben
nach dem Evangelium.

Internet-Tipps:

www.emwag.de   Es muss was Anderes geben. Lebensperspektiven für Singles. Aufbruch zur Gemeinschaft. Von Astrid Eichler und der ganzen EmwAg-Bewegung.

www.offenetuer.ch/fachstelle-gemeinschaftliches-leben/   Informationen über Publikationen zum Thema, außerdem stehen eine ganze Reihe von Texten von Thomas und Irene Widmer-Huber zum Thema Gemeinsames Leben zum Download bereit.

www.moosrain.net   Integratives Wohnprojekt mit elf Wohnungen, zwei Studios und mehreren Gemeinschaftsräumen in Riehen bei Basel. Thomas und Irene Widmer-Huber leiten zusammen mit Freunden der Lebensgemeinschaft Moosrain den Aufbau.

www.commonlife.ch   Netzwerk zur Gründung und Ermutigung von christlichen Gemeinschaften in der Schweiz. Tipp: Im Bereich »Ressourcen zum gemeinsamen Leben« stehen wertvolle Texte zum Download bereit.

www.orden-online.de   Kommunitäten, Orden, christliche Gemeinschaften im deutschen Sprachraum.

www.newcreation.org.uk/nccc/links_index.shtml   Link zu zahlreichen Gemeinschaften auf der ganzen Welt.

www.acl-deutschland.de   Arbeitsgemeinschaft Christlicher Lebenshilfen Deutschland.

www.acl-ch.ch   Arbeitsgemeinschaft Christlicher Lebenshilfen Schweiz.

www.jesus.org.uk   Lebens- und Gütergemeinschaft der Jesus Fellowship Church, ca. 700 Menschen in 60 Häusern.

Literaturverzeichnis

Backus, William: *Befreiende Wahrheit Teil II. Vom aufrichtigen Umgang miteinander,* Verlag Projektion J Wiesbaden 1993.

Banks, Robert: *Sie trafen sich in den Häusern. Gemeindeleben im ersten Jahrhundert,* Stuttgart 2000, erhältlich beim Amt für missionarische Dienste.

Beyreuther, Erich: *Zinzendorf-Trilogie,* Verlag Francke-Buchhandlung Marburg 1988.

Bittner, Wolfgang J.: *Heilung – Zeichen der Herrschaft Gottes,* Neufeld Verlag Schwarzenfeld 2007.

Bittner, Wolfgang J.: *Kirche – das sind wir! Von der Betreuungskirche zur Beteiligungskirche,* Neukirchen-Vluyn 2003.

Bittner, Wolfgang J.: *Kirche – wo bist Du? Plädoyer für das Kirche-Sein unserer Kirche,* Theologischer Verlag Zürich 1993.

Bonhoeffer, Dietrich: *Gemeinsames Leben,* in: Gerhard L. Müller/ Albrecht Schönherr (Hrsg.), Gemeinsames Leben / Das Gebetbuch der Bibel © 1993, Gütersloher Verlagshaus, Gütersloh, in der Verlagsgruppe Random House GmbH

Bublitz, Lothar/Schröder, Andreas/Müller, Johannes: *40 Tage Liebe in Aktion. Echte Beziehungen leben,* Kirche mit Vision – Projektgesellschaft Erzhausen 2005.

Bürki, Hans: *Zweierschaft. Über Grundfragen des Zusammenlebens,* Brendow Verlag Moers 1988.

Claiborne, Shane: *Ich muss verrückt sein, so zu leben. Kompromisslose Experimente in Sachen Nächstenliebe,* Brunnen Verlag Gießen 2007.

Cooper, Simon/Farrant, Mike: *Fire in our hearts. The story of the Jesus Fellowship/ Jesus Army,* Multiply Publications Northhampton 1997.

Crabb, Lawrence J.: *Connecting – Das Heilungspotential der Gemeinschaft. Ein radikal neuer Ansatz, die Kraftquellen Gottes zu entdecken,* © Brunnen Verlag Basel 2007.

Crabb, Lawrence J.: *The safest place on earth. Where people connect and are forever changed,* Word Publishing Nashville 1999.

Crabb, Lawrence J.: *Das Schweigen der Männer und was wirklich dahintersteckt,* Brunnen Verlag Gießen und Basel 1997.

Dürr, Thomas Br./Kellerhals, Doris Sr./Vonaesch, Pierre (Hrsg.): *Evangelische Ordensgemeinschaften in der Schweiz,* Theologischer Verlag Zürich 2003.

Eichler, Astrid: *Gott hat gewonnen,* SCM R.Brockhaus Witten 2003.

Eichler, Astrid: *Es muss was Anderes geben. Lebensperspektiven für Singles,* SCM R.Brockhaus Witten 2006.

EKD-Texte 88: *Verbindlich leben. Kommunitäten und geistliche Gemeinschaften in der Evangelischen Kirche in Deutschland. Ein Votum des Rates der EKD zur Stärkung evangelischer Spiritualität,* herausgegeben vom Kirchenamt der EKD Hannover 2007.

Engeli, Manfred: *Makarios. Der Weg, ein glücklicher Mensch zu werden,* Scesaplana Seewis 2007.

Flückiger, Karl/Widmer, Thomas (Hrsg.): *Neue Wohnprojekte braucht das Land! Wohnmodelle und Gemeinschaften mit diakonischem, pädagogischem, therapeutischem Auftrag. Ein Handbuch für amtierende und künftige Hauseltern und LeiterInnen,* Zürich 2003, Bestellinfos: www.offenetuer.ch/fachstelle-gemeinschaftliches-leben

Forster, Richard: *Nachfolge feiern. Geistliche Übungen neu entdeckt,* SCM R.Brockhaus Witten 2000.

Fuchs, Dörte/Orth, Jutta: *Umzug in ein neues Leben. Wohnalternativen für die zweite Lebenshälfte,* Kösel München 2003.

Grün, Anselm: *Benedikt von Nursia – Seine Botschaft heute,* Vier-Türme-Verlag Münsterschwarzach 1979.

Halkenhäuser, Johannes: *Kirche und Kommunität, Geschichte und Auftrag der kommunitären Bewegung in den Kirchen der Reformation,* Bonifatius-Verlag Paderborn 1978.

Harper, Michael: *Ein neuer Lebensstil für die christliche Gemeinde. Wie die Erlöserkirche in Houston einen neuen Lebensstil fand,* herausgegeben von Ewald und Vreni Rieser, Basel 1978. Vergriffen, einzelne Kopien erhältlich via fachstelle@offenetuer.ch.

Hofmann, Gertrud/Krebber, Werner: *Die Beginen. Geschichte und Gegenwart,* Topos Verlag Ruggell 2004.

Johnson, David/Van Vonderen, Jeff: *Geistlicher Missbrauch. Die zerstörende Kraft der frommen Gewalt,* Projektion J Wiesbaden 1996.

Kaldewey, Jens: *Die starke Hand Gottes. Der fünffältige Dienst,* Koinonia-Verlag Oberweningen 2001.

Kaldewey, Jens: *So macht Familie richtig Spaß. Wir lösen unsere Konflikte im Familienrat,* Schulte und Gerth Asslar 1995.

Kellerhals, Sr. Doris: *Heilende Gemeinschaft in der Postmoderne unter besonderer Berücksichtigung der Benediktusregel. Ein Beitrag zum Bau von kirchlicher Gemeinschaft,* Reinhardt Verlag Basel 2008.

Kessler, Volker und Martina: *Die Machtfalle. Machtmenschen in der Gemeinde,* Brunnen Verlag Gießen 2001.

Kiechle, Stefan: *Macht ausüben. Ignatianische Impulse,* Echter Verlag Würzburg 2005.

Klenk, Dominik (Hrsg.): *Besser streiten,* Brunnen Verlag Gießen 2009.

Klenk, Dominik (Hrsg.): *Riskiere Dein Herz. Wunder und Wagnisse mit Gott erlebt,* Brunnen Verlag Gießen und Basel 2008.

Moltmann, Jürgen: *Diakonie im Horizont des Reiches Gottes: Schritte zum Diakonentum aller Gläubigen,* Neukirchener Verlag Neukirchen-Vluyn 1989.

Nouwen, Henri J.M.: *Adam und ich. Eine ungewöhnliche Freundschaft,* Herder Verlag Freiburg 1998.

Ortberg, John: *Jeder ist normal, bis du ihn kennen lernst,* Gerth Medien Asslar 2004.

Pfeifer, Samuel: *Die Schwachen tragen. Moderne Psychiatrie und biblische Seelsorge,* Brunnen Verlag Basel 1988.

Pompe, Hans-Hermann: *Der erste Atem der Kirche. Urchristliche Hausgemeinden – Herausforderung für die Zukunft,* Aussaat Verlag Neukirchen-Vluyn 1996.

Purk, Erich: *Freundschaft. Der spirituelle Fastenbegleiter,* Katholisches Bibelwerk Stuttgart 2008.

Reimer, Ingrid: *Verbindliches Leben in evangelischen Bruderschaften und kommunitären Gemeinschaften,* Brunnen Verlag Gießen und Basel 1999.

Riesner, Rainer: *Formen gemeinsamen Lebens im Neuen Testament und heute,* Brunnen Verlag Gießen und Basel 1983.

Rüegger, Heinz: *Kirche als seelsorgerliche Gemeinschaft. Dietrich Bonhoeffers Seelsorgeverständnis im Kontext seiner bruderschaftlichen Ekklesiologie,* Peter Lang Verlag Bern und Frankfurt a.M. 1992.

Saxby, Trevor J.: *Pilgrims for a Common Life. Christian Community of Goods Through the Centuries,* Herald Press Scottdale 1987.

Schaible, Günther: *Christliche Lebensgemeinschaften aufbauen,* Aussaat Verlag Neukirchen-Vluyn 1992.

Schulz von Thun, Friedemann: *Miteinander reden: Störungen und Klärungen. Psychologie der zwischenmenschlichen Kommunikation,* Rowohlt Taschenbuch Verlag Reinbeck 1981.

Schulz von Thun, Friedemann: *Miteinander reden 2. Stile, Werte und Persönlichkeitsentwicklung,* Rowohlt Taschenbuch Verlag Reinbeck 1989.

Sieber, Ernst: *Menschenware – wahre Menschen,* Zytglogge Verlag Bern 1987.

Sieber, Ernst: *Platzspitz – Spitze des Eisbergs,* Zytglogge Verlag Bern 1991.

Simson, Wolfgang: *Häuser, die die Welt verändern,* C & P Verlag Emmelsbüll 1999.

Vanier, Jean: *In Gemeinschaft leben. Meine Erfahrungen.* SCM R. Brockhaus Witten 1999.

Van Vonderen, Jeff: *Sie wollen nur dein Bestes. Wie man Enttäuschungen und Verletzungen in der Gemeinde überwinden kann,* Verlag Projektion J Wiesbaden 1997.

Waldmüller, Bernhard: *Gemeinsam entscheiden. Ignatianische Impulse,* Echter Verlag Würzburg 2008.

Weiss, Stefan: *Missionarische Wohngemeinschaften,* 1995, zu beziehen bei S. Weiss: info@commonlife.ch.

Wick, Peter: *Die urchristlichen Gottesdienste, Entstehung und Entwicklung im Rahmen der frühjüdischen Tempel-, Synagogen- und Hausfrömmigkeit,* W. Kohlhammer Berlin 2002.

Widmer-Huber, Thomas: *Gemeinschaftliches Leben mit Chancen,* Edition Ensemble, 2. Auflage 2003, zu beziehen via ensemble@offenetuer.ch

Widmer-Huber, Thomas: *Umgang mit Besitz bei Lukas (Evangelium und Apostelgeschichte, inkl. Apg 2 und 4) und mögliche Perspektiven für heute,* 1992 (Seminararbeit Uni Bern). Bestellung via fachstelle@offenetuer.ch

Zimmerling, Peter: *Nikolaus Ludwig Graf von Zinzendorf und die Herrnhuter Brüdergemeine. Geschichte, Spiritualität und Theologie,* SCM Hänssler Holzgerlingen 1999.

Zindel, Daniel: *Geistesgegenwärtig führen: Spiritualität und Management,* Neufeld Verlag Schwarzenfeld 2009.

Kontakt mit den Autoren:

Astrid Eichler: info@emwag.net

Thomas Widmer-Huber: thomas.widmer@moosrain.net

Irene Widmer-Huber: irene.widmer@moosrain.net

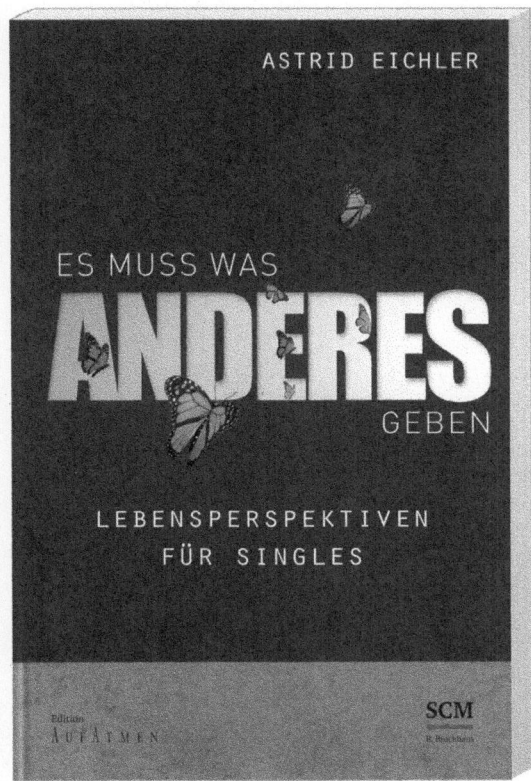

Astrid Eichler

Es muss was Anderes geben
Lebensperspektiven für Singles

Kann man als Single erfüllt leben? Und was meint die Bibel genau, wenn sie sagt, dass es nicht gut ist, wenn der Mensch allein ist? Mit diesen Fragen sah sich auch die Pfarrerin und Seelsorgerin Astrid Eichler konfrontiert. Anhand ihrer persönlichen Geschichte spricht sie ehrlich über die Herausforderungen und Probleme. Sie zeigt, dass das Single-Dasein nicht zu einem Leben in Einsamkeit verurteilt, sondern dass es Perspektiven für ein erfülltes Leben gibt. Die erweiterte Neuauflage enthält zwei neue Kapitel.

Gebunden, 13,5 x 20,5 cm, 128 Seiten
Nr. 226.573

SCM
R.Brockhaus

AufAtmen

GOTT BEGEGNEN – AUTHENTISCH LEBEN

Vitamine für Beruf, Partnerschaft, Familie und Gemeinde: Eine wertvolle Zeitschrift zur Vertiefung des Lebens. Persönliche Erfahrungen, biblische Weisheit, ehrlicher Einblick, ermutigende Einsichten.
AUFATMEN hilft, den Glauben im Alltag zu leben.

HÄUTUNGEN DES GLAUBENS

4 Ausgaben/Jahr

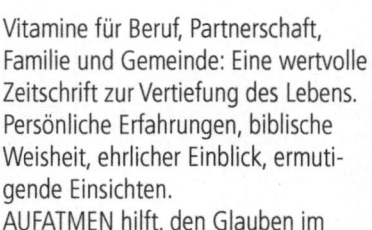

Simon

Jesus als Vorbild für Piloten?

Vater-Energie

AUFATMEN erscheint 4 mal im Jahr. Ein Abonnement erhalten Sie in Ihrer Buchhandlung oder unter

www.bundes-verlag.net
Tel. 02302 93093-910
Fax 02302 93093-689

Kostenlos testen unter:

SCM Bundes-Verlag

www.aufatmen.de